KB246518

Let's go!

② 나의 자율·동아리·봉사
포트폴리오 만들기

창의적 체험활동

조경희/김연미/윤석진/이헌로/조유현_공저

도서출판 씨마스

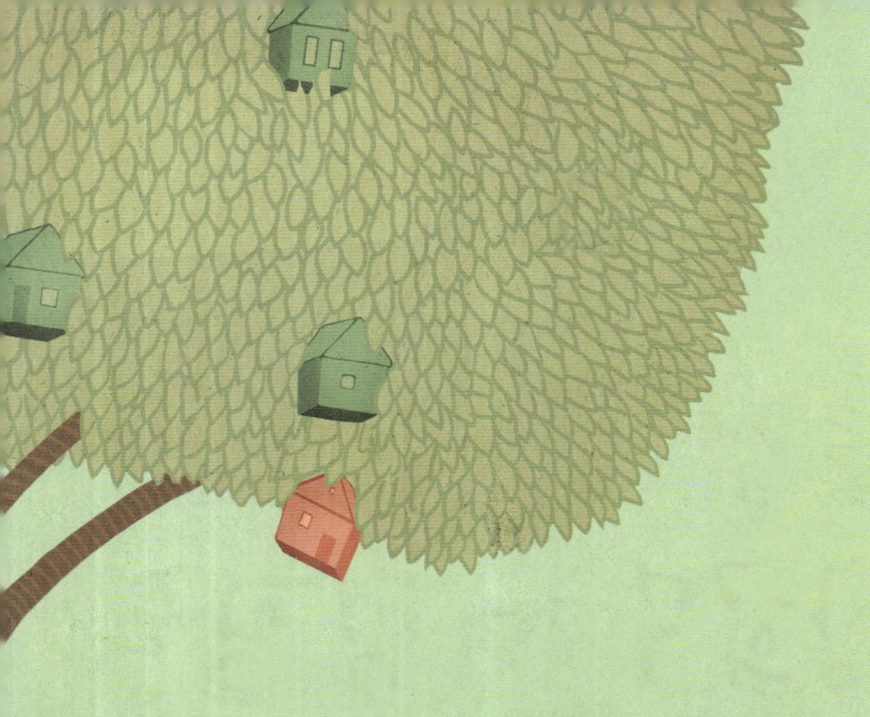

이　름 :

학교명 :　　　　　　　　고등학교

201　　년　　　학년　　　반

201　　년　　　학년　　　반

201　　년　　　학년　　　반

나는 무한한 가능성을 지닌 사람입니다.

그 가능성을 펼쳐 보이려 한 걸음 내딛습니다.

오늘 이 시간부터 명확한 목표를 세워

내 안에 잠자고 있는 잠재력과 창의성을 일깨우겠습니다.

자, 더 멋진 나를 향해 출발!

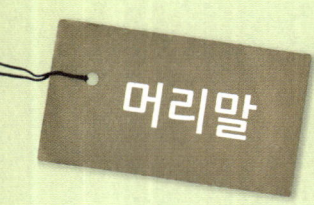
머리말

Lets's go! 창의적 체험 활동 시리즈를 펴내며

창의적 체험 활동은 학생 개개인의 소질과 잠재력을 계발·신장해 세계 시민으로서 갖추어야 할 다양하고 수준 높은 자질을 함양하기 위한 자기 주도적 활동입니다. 그러나 자칫하면 지식 습득에 목표를 두고 있는 많은 교과서에 또 하나를 더 얹음으로써 학생들에게 많은 부담을 줄 수도 있습니다.

그래서 현직 선생님으로 구성된 우리 집필진은 '학생들이 좀 더 쉽고 능동적으로 창의적 체험 활동에 접근할 수 있는 방법은 없을까?'라는 고민을 하게 되었고, 기존의 틀에서 탈피해 창의·인성 교육을 실현하는 데 도움이 될 수 있도록 긴 시간 동안 고민하고 연구하여 'Let's go! 창의적 체험 활동 시리즈'를 펴내게 되었습니다.

학생들을 위한 창의적 체험 활동의 친절한 가이드북인 이 워크북은 창의적 체험 활동의 4개 영역을 총 망라해 스스로 계획하고 실천할 수 있도록 체계적으로 구성했습니다.

학생들은 이 워크북을 통해 다음과 같은 도움을 얻을 수 있을 것입니다.

첫째, 자기 주도적으로 진로, 자율 활동 등을 계획하고 실천하는 능력을 키울 수 있습니다.

둘째, 독서·동아리·봉사 활동 등 다양한 창의적 체험 활동을 경험함으로써 바른 인성을 가지고 창의성을 키울 수 있습니다.

셋째, 창의적 체험 활동 4가지 영역에 대한 이력을 한눈에 볼 수 있어 입학사정관제 등의 수시 입학을 위한 훌륭한 포트폴리오를 준비할 수 있습니다.

저희 집필진은 학생 여러분이 이 책을 통해 창의적 체험 활동을 기록하고 포트폴리오를 준비하는 과정을 도울 뿐 아니라, 자신의 꿈이 무엇인지, 앞으로 어떻게 살아가야 할 것인지에 대해 깊이 생각하며 체계적인 준비를 해 나갈 수 있었으면 하는 바람으로 이 책을 만들었습니다.

학생 자신이 만들어 가는 학생 중심의 교육이 이 워크북으로 시작되어 마무리될 수 있다면, 학생들의 소중한 꿈 알갱이들이 한곳에 모여 그들이 원하는 진로를 개척할 수 있다면 좋겠습니다. 다시 한번 이 책이 여러분의 행복한 미래 설계를 위해 꼭 필요한 기회가 될 수 있기를 소망합니다.

『나의 자율·동아리·봉사 포트폴리오 만들기』는 창의적 체험 활동의 4가지 영역 중 자율 활동, 동아리 활동, 봉사 활동을 한 권에 담은 워크북으로서, 학생들이 자율 활동, 동아리 활동, 봉사 활동을 하는 데 친절한 길라잡이가 되어 줄 것입니다. 학생 여러분의 창의적 체험 활동과 포트폴리오 작성에 많은 도움이 되길 바랍니다.

『나의 자율 · 동아리 · 봉사 포트폴리오 만들기』 100% 활용법

1. 워밍업! 자기 주도적 활동을 위한 사전 활동을 하세요.
모든 활동은 준비하고 계획할 때 의도한 결과를 얻을 수 있습니다. 자율 · 동아리 · 봉사 활동 각 활동의 「01. ○○ 활동 워밍업!」에서 어떤 활동을 할 때 자신의 흥미와 능력을 발휘할 수 있는지 생각해 본 다음 구체적으로 계획을 수립한다면 자기 주도적으로 적극적인 활동을 할 수 있을 것입니다.

2. 학년별 활동 계획서를 작성하세요.
학년별로 자율 활동, 동아리 활동, 봉사 활동 계획서가 마련되어 있습니다. 매 학년이 시작할 때마다 자신이 꼭 해야 할 것이나 하고 싶은 활동을 계획서에 작성해 보세요.

3. 활동 시마다 에듀팟 기록장에 꼼꼼히 기록해, 포트폴리오를 준비하세요.
각 활동 「02. ○○ 활동 에듀팟에 올리기」에는 각 활동을 에듀팟에 기록하기 위한 활용법과 기록장이 담겨 있습니다. 여러 장의 에듀팟 기록장에 자신의 활동을 꼼꼼히 기록해 두면 입학사정관제, 수시 전형, 취업에 대비해 자신의 포트폴리오를 작성할 때 좋은 자료가 될 것입니다.

4. 자기소개서에 자율 활동, 동아리 활동, 봉사 활동 내용을 담아 보세요.
자기소개서에 자율 활동, 동아리 활동, 봉사 활동 내용도 빠질 수 없는 중요한 부분입니다. 고등학교 3년간 열심히 활동한 창의적 체험 활동 내용을 자기소개서에는 어떻게 적으면 좋을지 연습할 수 있도록, 각 활동 「02. ○○ 활동 에듀팟에 올리기」에 '자기소개서 작성하기'를 구성하였습니다. 자신의 진로와 연결된 활동 위주로 작성하는 연습을 해 보세요.

5. 부록을 활용해 창의적 체험 학습장을 선택하세요.
「부록」에 창의적 체험 활동 기관을 주제별로 소개함으로써 학생 여러분이 관심 있는 체험 학습장을 선택해 볼 수 있도록 하였습니다.

집필진 일동

CONTENTS

Ⅰ

자율·동아리·봉사 활동에 대한 이해

01 창의적 체험 활동이란?

02 자율 활동 이란?

03 동아리 활동 이란?

04 봉사 활동 이란?

05 창의적 체험 활동으로 대학 가기

공부하기도 바쁜데, 창의적 체험 활동은 또 어떻게 하지?

고민하지 말고, 창의적 체험 활동을 즐겨 보세요.

창의적 체험 활동은 우리의 삶을 풍요롭게 하기 위해,

우리의 목표를 이루기 위해서 꼭 필요한 활동입니다.

자율 활동 · 동아리 활동 · 봉사 활동은 어떤 활동인지 알아볼까요? Let's go!

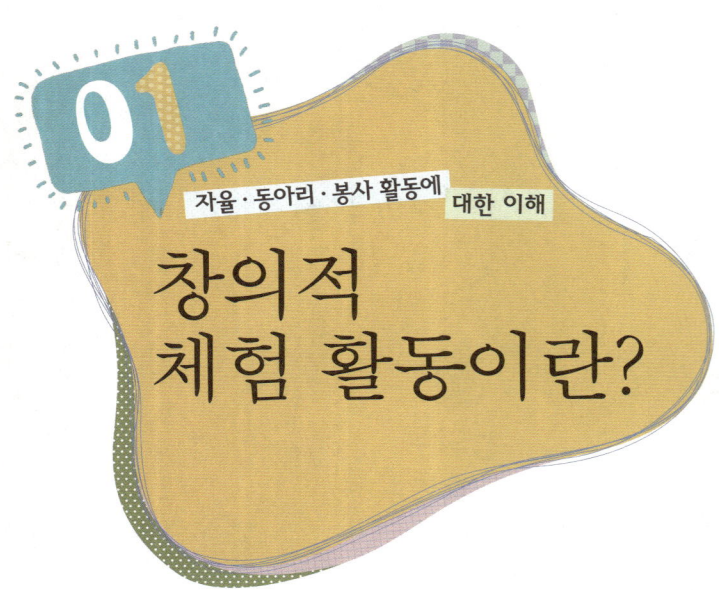

창의적 체험 활동이란?

창의적 체험 활동이란 나의 소질과 잠재력을 계발 · 신장하고, 자율적인 생활 태도를 기르며, 나눔과 배려를 실천함으로써 공동체 의식과 세계 시민으로서 갖추어야 할 다양하고 수준 높은 자질을 함양하기 위한 활동입니다.

고등학교의 창의적 체험 활동에서는 학생 여러분의 다양한 욕구를 건전한 방향으로 유도하고, 원만한 인간 관계를 형성하며 진로를 선택하여 자아실현에 힘쓰도록 하는 데 중점을 둡니다.

학생들은 자율 활동, 동아리 활동, 봉사 활동, 진로 활동을 자기 주도적으로 계획하고 활동한 뒤 그 과정을 창의적 체험 활동 종합 지원 시스템인 에듀팟(edupot)에 기록해야 합니다. 이 기록물들은 학생들이 대학에 진학할 때 전형 자료로 제출됩니다.

보통 생활기록부는 교사가 학생의 인적 사항과 활동 사항을 기록하지만, 창의적 체험 활동 시스템은 학생 스스로가 자신의 활동을 작성하고, 교사가 승인해 주는 방식으로 이루어지므로, 학생 여러분의 체계적인 계획과 준비가 필요합니다.

창의적 체험 활동

자율 활동
- 적응 활동
- 자치 활동
- 행사 활동
- 창의적 특색 활동

동아리 활동
- 학술 활동
- 문화 · 예술 활동
- 스포츠 활동
- 실습 노작 활동
- 청소년 단체 활동

봉사 활동
- 교내 봉사 활동
- 지역 사회 봉사 활동
- 자연환경 보호 활동
- 캠페인 활동

진로 활동
- 자기 이해 활동
- 진로 정보 탐색 활동
- 진로 체험 활동
- 진로 계획 활동

창의적 체험 활동 흐름도

학생의 창의적 체험 활동

에듀팟에 기록하기
www.edupot.go.kr

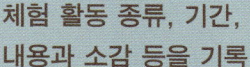

체험 활동 종류, 기간, 내용과 소감 등을 기록
- 자기소개서
- 자율 활동
- 동아리 활동
- 봉사 활동
- 진로 활동
- 방과 후 학교 활동

증빙 자료 첨부
- 활동 관련 사진
- 자격증 등

교사의 승인

창의적 체험 활동 내용을 포트폴리오로 만들기

에듀팟(edupot)이란? 학생들이 학교 내·외의 다양한 창의적 체험 활동을 기록·관리하는 온라인 시스템이에요.

대학 제출
(입학사정관제 및 수시 전형 자료로 활용)

기업체에 제출
(취업용 자료로 활용)

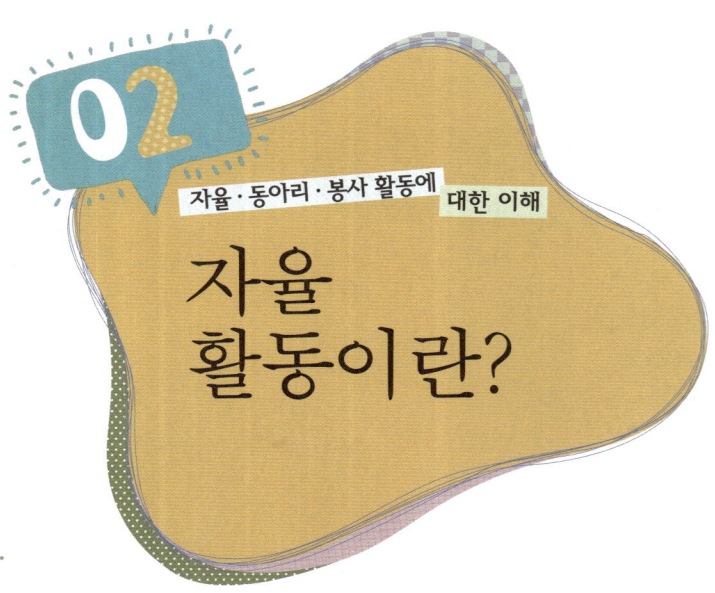

02 자율·동아리·봉사 활동에 대한 이해

자율 활동이란?

자율 활동은 학교 내에서 학생들이 자발적으로 참여하는 활동을 말합니다. 학생이 스스로 참여해서 학교나 학급 구성원으로서 바람직한 공동체 생활을 할 수 있는 힘을 기르는 데 목적이 있습니다.

자율 활동을 통해 다양한 협의 및 실천 경험을 통해 문제를 합리적으로 해결할 수 있으며 민주적인 의사 결정의 기본 원리를 익힙니다. 또 학교와 학급에서 일어나는 문제에 대해 적극적으로 참여해 협의하고 실천함으로써 협동심과 유대감을 기르고, 학급·학년·학교의 특성과 학생들의 특성에 맞는 다양한 특색 활동을 계획하고 이에 참여함으로써 자신감과 창의성을 기를 수 있습니다.

1 자율 활동 내용

적응 활동	• 입학, 진급, 전학 등에 따른 적응 활동 등 • 예절, 질서 등의 기본 생활 습관 형성 활동, 축하, 친목, 사제동행 등 • 학습, 건강, 성격, 교우 등의 상담 활동 등
자치 활동	• 1인 1역, 학급회 및 학급 부서 활동 등 • 운영 위원 활동, 학생회 협의 활동, 모의 의회, 토론회 등
행사 활동	• 시업식, 입학식, 졸업식, 기념식, 경축일 등 • 전시회, 발표회, 학예회, 경연 대회, 실기 대회 등 • 학생 건강 체력 평가, 체격 및 체질 검사, 체육 대회, 친선 경기 대회, 안전 생활 훈련 등 • 수련 활동, 현장 학습, 수학 여행, 학술 조사, 문화재 답사, 국토 순례 등
창의적 특색 활동	• 학생·학급·학년·학교·지역 특색 활동 등 • 학교 전통 수립·계승 활동 등

② 자율 활동 기록 방법

창의적 체험 활동을 한 뒤에는 활동 내용을 에듀팟에 기록해야 합니다. 에듀팟 초기 화면에서 아이디와 비밀 번호를 입력하고 로그인을 해야 사용할 수 있습니다. 로그인 뒤 '체험 활동'에서 '자율 활동'을 클릭한 다음 자율 활동 정보와 내용, 소감을 기록하면 됩니다. 활동을 증명할 수 있는 사진 등의 관련 파일도 함께 올립니다.

에듀팟 www.edupot.go.kr

자율 활동 에듀팟에 기록하기는 「11.Let's go! 자율 활동」에서 자세히 배워 봐요. ☞ 35쪽

③ 자율 활동 시 주의 사항

➡ **모든 활동은 일관성과 지속성을 갖고 해야 신뢰감을 줄 수 있습니다.**

에듀팟에 기록된 창의적 체험 활동 자료는 입학사정관 전형 및 다양한 전형의 진학 자료로 활용할 수 있습니다. 따라서 모든 창의적 체험 활동은 진로나 자신의 꿈을 이루기 위해 지속적으로 하는 것이 중요합니다.

➡ **각 활동에서 요구하는 항목을 꼼꼼하게 작성해야 합니다.**

활동 내용은 구체적으로 기록하여 변화 과정이나 활동의 흐름이 보이게 써야 하고, 소감은 자신이 얻은 성과 중 육체적·정신적으로 변화한 모습을 기록해야 합니다.

➡ **범교과 학습은 창의적 특색 활동에 기록합니다.**

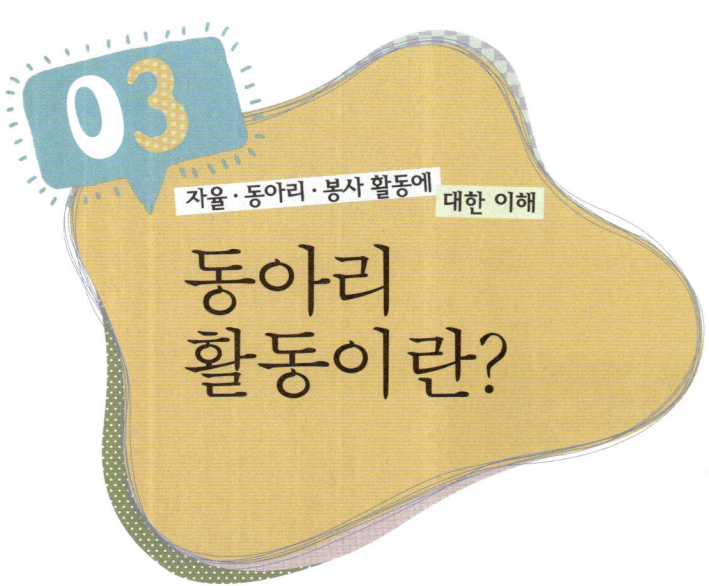

자율 · 동아리 · 봉사 활동에 대한 이해

동아리 활동이란?

동아리란 같은 취미, 특기, 적성을 가진 학생들의 모임을 말합니다. 동아리 활동을 통해 학생 자신의 소질과 적성을 창의적으로 계발하고 발전시킬 수 있으며, 자아실현의 기초를 닦을 수 있습니다. 또한 함께하는 활동을 통해 사회성과 협동심을 기를 수 있고 자기 표현 능력도 기를 수 있을 것입니다.

1 동아리 활동 내용

학술 활동	• 외국어 회화, 과학 탐구, 사회 조사, 탐사, 다문화 탐구 등 • 컴퓨터, 인터넷, 신문 활용, 발명 등
문화 예술 활동	• 문예, 창작, 회화, 조각, 서예, 전통 예술, 현대 예술 등 • 성악, 기악, 뮤지컬, 오페라 등 • 연극, 영화, 방송, 사진 등
스포츠 활동	• 구기 운동, 육상, 수영, 체조, 배드민턴, 인라인 스케이트, 하이킹, 야영 등 • 민속놀이, 씨름, 태권도, 택견, 무술 등
실습 노작 활동	• 요리, 수예, 재봉, 꽃꽂이 등 • 사육, 재배, 조경 등 • 설계, 목공, 로봇 제작 등
청소년 단체 활동	• 스카우트 연맹, 걸스카우트 연맹, 청소년 연맹, 한국우주소년단, 해양소년단 등

② 동아리 활동 기록 방법

에듀팟에 로그인한 뒤 '체험 활동'에서 '동아리 활동'을 클릭한 다음 동아리 활동 정보와 내용, 소감을 기록하면 됩니다. 활동을 증명할 수 있는 사진 등의 관련 파일도 함께 올립니다.

에듀팟 www.edupot.go.kr

동아리 활동 에듀팟에 기록하기는 「Ⅲ.Let's go! 동아리 활동」에서 자세히 배워 봐요. ☞ 65쪽

③ 동아리 활동 시 주의 사항

➡ **자신의 진로와 연계된 활동을 할 수 있으면 좋습니다.**

동아리 활동을 할 때 자신의 진로와 연계된 활동을 하면 앞으로의 직업 세계를 미리 체험해 볼 수 있습니다. 하지만 동아리 활동의 목표는 잠재 능력을 창의적으로 개발하고 여가를 잘 활용하는 생활 습관을 기르는 것인 만큼, 취미 생활로 자신의 특기를 계발하는 것도 좋습니다.

➡ **동아리와 봉사 활동을 연계시킬 수 있습니다.**

동아리 활동으로만 끝나는 것이 아니라 지역 사회에 기여할 수 있는 봉사 활동과 연계시킨다면 좀 더 가치 있는 동아리 활동을 할 수 있을 것입니다.

➡ **동아리 경연 대회, 동아리 축제에 참여합니다.**

동아리 활동을 하면서 동아리 경연 대회나 동아리 축제에도 참여할 수 있습니다. 이런 적극적인 활동을 통하여 다른 학교의 동아리도 탐색하고 좋은 정보를 서로 공유할 수 있습니다.

➡ **동아리 활동 후 꼼꼼한 기록을 해 두는 것이 중요합니다.**

동아리 활동 보고서를 꼼꼼히 기록하는 습관이 필요합니다. 에듀팟에 누적된 자료는 입학사정관제 전형에 제출할 포트폴리오에 매우 유용하게 활용할 수 있습니다.

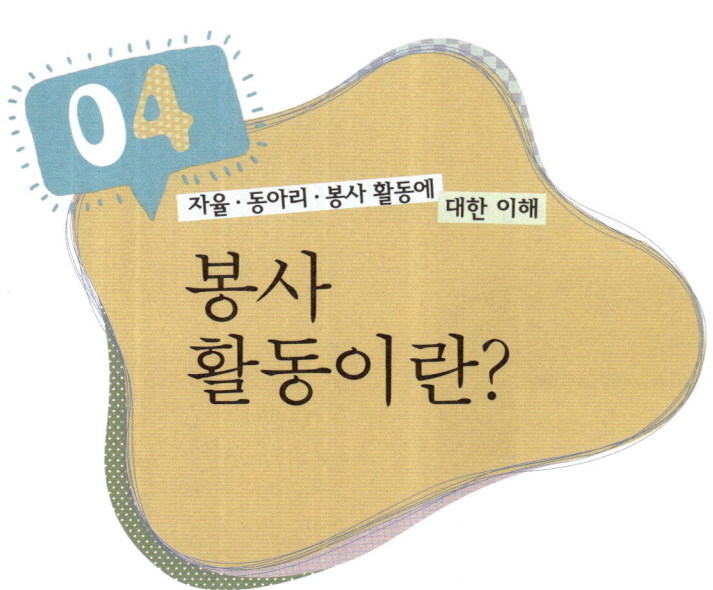

자율·동아리·봉사 활동에 **대한 이해**

봉사 활동이란?

봉사 활동은 어떤 대가를 목적으로 하는 활동이 아니라 자발적으로 다른 사람을 돕거나 사회에 기여할 수 있는 무보수의 활동을 말합니다. 봉사 활동으로 우리는 인간의 존엄성을 이해할 수 있고 더불어 사는 사회를 이해할 수 있습니다. 타인을 배려하는 너그러운 마음과 더불어 사는 공동체 의식을 가지고, 지역 사회의 일들에 참여함으로써 사회적 역할과 책임을 분담하고, 지역 사회 발전에 이바지할 수 있을 것입니다.

1 봉사 활동 내용

교내 봉사 활동	학습 부진 친구, 장애인, 병약자, 다문화 가정 학생 돕기 등
지역사회 봉사 활동	• 복지 시설, 공공 시설, 병원, 농·어촌 등에서의 일손 돕기 등 • 불우 이웃 돕기, 고아원, 양로원, 병원, 군부대 위문 활동 등 • 재해 구호, 국제 협력과 난민 구호 등
자연 환경 보호 활동	• 깨끗한 환경 만들기, 자연 보호, 식목 활동, 저탄소 생활 습관화 등 • 공공시설물, 문화재 보호 등
캠페인 활동	공공질서, 교통 안전, 학교 주변 정화, 환경 보전, 헌혈, 각종 편견 극복 등에 대한 캠페인 활동 등

② 봉사 활동 기록 방법

에듀팟에 로그인한 뒤 '체험 활동'에서 '봉사 활동'을 클릭한 다음 봉사 활동 내용 정보와 내용, 소감을 기록하면 됩니다. 활동을 증명할 수 있는 사진 등의 관련 파일도 함께 올립니다.

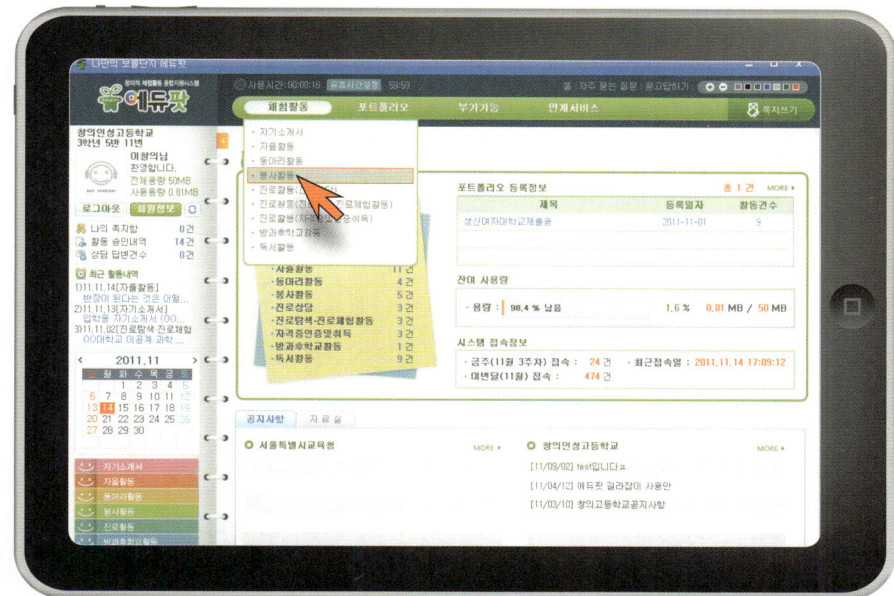

봉사 활동 에듀팟에 기록하기는 「Ⅳ. Let's go! 봉사 활동」에서 자세히 배워 봐요.
☞ 106쪽

에듀팟 www.edupot.go.kr

③ 봉사 활동 시 주의 사항

➡️ **봉사 활동은 지속적이며 적극적으로 참여해야 합니다.**

학생들이 보통 봉사 활동을 할 때에는 진학을 위한 형식적인 시간 채우기 활동으로 생각하는 경향이 있습니다. 봉사 활동에 적극적으로 참여하고 꾸준히 활동하여 이웃을 배려하는 너그러운 마음과 공동체 의식을 가지고, 리더로서의 자질을 기르도록 하세요.

➡️ **봉사 활동은 일정한 절차를 따라 시행해야 합니다.**

봉사 활동은 학교 계획에 의한 봉사 활동과 개인 계획에 의한 봉사 활동이 있으며, 봉사 활동을 할 때는 먼저 봉사 활동 계획서를 작성해, 담임 선생님과 협의한 뒤 학교의 승인을 받아야 합니다. 봉사 활동을 한 뒤에는 봉사 활동 확인서를 학교에 제출하는 것도 잊지 마세요. (※단, 2011.7.1부터 2009 개정 교육 과정을 적용받는 학생은 개인 계획에 의한 봉사 활동을 기록할 수 없습니다.)

➡️ **사전 교육을 받아야 합니다.**

봉사 활동을 할 때는 활동을 하기 전에 봉사자의 바른 자세와 방법, 일반 지식에 대해 충분히 교육을 받아야 합니다. 또한 안전 사고 등에 대해 항상 조심해야 합니다.

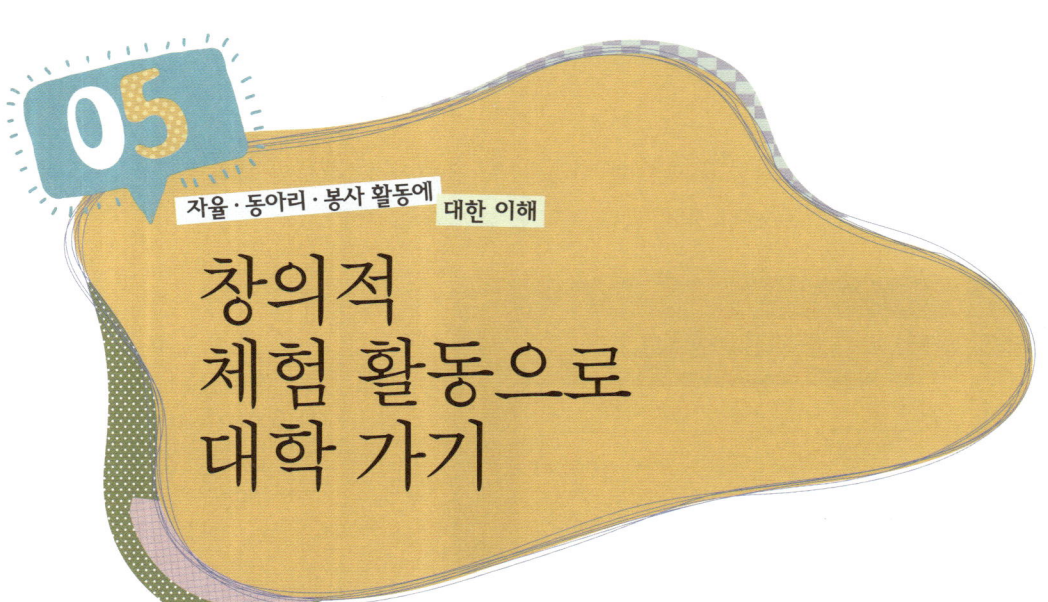

자율·동아리·봉사 활동에 대한 이해

창의적 체험 활동으로 대학 가기

1 입학사정관제란?

입학사정관제는 대학에서 학생을 선발하는 방법으로 뛰어난 잠재 능력을 가진 학생을 발굴하기 위해, 단순 교과 점수가 아닌 다양한 평가 요소로 접근하여 글로벌 시대가 요구하는 창의적인 인재를 선발하는 방법입니다.

➡ **입학사정관제의 일반적 전형 절차**

사전 공지 → 서류 평가 → 면접 평가 → 최종 선발

2 입학사정관제에서 자율·동아리·봉사 활동의 가치

대학의 입학사정관이 원하는 인재는 21세기 글로벌 지식 기반 사회에서 새로운 지식과 가치를 창출하고, 창의성과 인성을 고루 갖춘 인재입니다. 따라서 창의적 체험 활동은 학생 개인의 잠재력과 성장 가능성을 판단할 수 있는 중요한 기준으로 작용할 것입니다.

먼저 자율 활동은 학교라는 공간에서 이러한 능력을 기르기 위한 다양한 교육 과정을 말합니다. 자율 활동을 통해 학생 여러분은 더불어 사는 삶의 자세와 사회성, 그리고 리더십을 보여 줄 수 있습니다. 더불어 자율 활동의 참여 분야와 참여 정도를 통해 여러분의 희망, 적성, 인성과 창의성까지도 드러낼 수 있습니다.

다음으로 봉사는 사회를 이끌어 갈 리더로서 갖추어야 할 기본적인 요소입니다. 따라서 사회적인 리더를 길러 내야 하는 대학에서 반드시 요구하는 소양이 봉사 활동입니다. 그리고 동아리 활동은 공통의 관심사, 동일한 취미와 특기 및 재능을 소유한 학생들이 모여서 하는 자발적인 활동이므로 학생들이 가진 능력을 비롯해 적극성과 기획력 및 추진력을 보여 줄 수 있습니다.

③ 입학사정관제, '창의적 체험 활동'으로 도전하기

① 입학사정관의 창의적 체험 활동 기록 평가 사항

- 연중 봉사 활동 계획서는 준비되어 있는가?
- 지속적, 자발적인 활동인가?
- 창의적 체험 활동의 목적과 가치가 잘 나타나 있는가?
- 창의적 체험 활동을 통해 삶에서 변화된 점이 있는가?
- 창의적 체험 활동이 에듀팟에 기록되어 있는가?

② 자기소개서에 창의적 체험 활동 작성하기

입학사정관제에서는 서류 평가의 비중이 높은 편입니다. 그중 교과와 비교과 영역의 학생부, 자기소개서, 추천서 등이 가장 기본적으로 반영되는 요소입니다.

학생부는 학생이 작성하는 것이 아니기 때문에 학생에 대한 정보가 객관적인 자료로 반영됩니다. 하지만 자기소개서는 기본적으로 자신의 개인적인 이야기를 펼쳐 보일 수 있는 자료입니다. 이때 교과 외의 활동인 자율 활동, 동아리 활동, 봉사 활동으로 자신을 드러낼 수 있습니다. 따라서 이러한 활동을 계획적으로 꾸준히 한 사람이라면 자기소개서를 다른 사람과 차별화된 내용으로 채울 수 있을 것입니다.

한국대학교육협의회 자기소개서 공통 양식을 보면, 4번 문항에 자율 활동, 동아리 활동, 봉사 활동 시 자기 주도적으로 활동했던 경험을 쓸 수 있겠죠. 2번 문항과 5번 문항에도 진로와 관련한 자율·동아리·봉사 활동 내용을 쓸 수 있습니다.

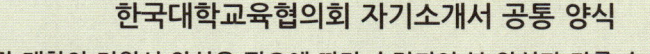

한국대학교육협의회 자기소개서 공통 양식

각 대학의 지원서 양식은 필요에 따라 수정되어 본 양식과 다를 수 있습니다

1. 자신의 성장 과정과 가족 환경에 대해 기술하세요.

2. 지원 동기와 지원한 분야를 위해 어떤 노력과 준비를 해 왔는지 기술하세요.

3. 입학 후 학업 계획과 향후 진로 계획에 대해 기술하세요.

4. 고등학교 재학 중 자기 주도적 학습 경험과 교내·외 활동을 서술하세요.

5. 자신의 미래 목표를 위하여 노력한 과정과 역경 극복 사례, 그리고 목표를 세웠던 동기 등에 대해 서술하세요.

자기소개서 자율 · 동아리 · 봉사 활동 관련 질문 유형

유형 1 자신이 경험했던 봉사 활동 및 동아리 활동의 가치에 대해 기술하세요.

유형 2 고등학교 재학 기간 중 학업 이외의 다양한 활동을 소개하고, 이러한 경험이 자신의 성장에 어떤 영향을 주었는지 기술하세요.

유형 3 고등학교 재학 기간 중 학업 이외의 활동 영역(사회 봉사 활동, 교내·외 동아리 활동, 단체 활동, 취미 활동, 문화 활동)에서 가장 소중했던 경험을 소개하고, 이러한 경험이 자신의 성장에 어떤 도움을 주었는지 기술하세요.

유형 4 교내·외 활동 중 대표적인 활동을 5개 이내로 기술하고, 이런 활동이 지원자에게 어떤 의미가 있었는지 기술하세요.(봉사 활동을 포함하여 지원자의 임원 활동, 동아리 활동, 연구 활동 등을 기재하고, 학교 생활 기록부에 기록되어 있지 않은 내용은 반드시 증빙 서류를 첨부해야 합니다.)

유형 5 자신이 생각하는 리더십의 의미와 자신의 리더십 역량 개발을 위한 노력과 실천 사례를 쓰세요.

유형 6 특별 활동 및 봉사 활동 실적 사항을 기재하고, 자신의 성장에 어떠한 도움을 주었는지 기재하세요.

③ 주의 사항

⇨ 자기 주도적, 지속적인 활동 하기

자율 활동, 동아리 활동, 봉사 활동은 자기 주도적으로 선택하고 활동하는 것이 가장 중요합니다. 또 그러한 자신의 의지를 입학사정관에게 드러낼 수 있도록 구체적인 사례를 자세히 기록해야 합니다.

⇨ 활동 계획서, 일지 작성하기

입학사정관들은 학생이 창의적 체험 활동을 통해 느낀 점과 자신의 삶이 변화된 과정 등을 점검하고 싶어 합니다. 따라서 각 활동의 연간 계획서와 일지를 그때그때 기록해 두는 습관이 필요합니다. 누적된 자료는 입학사정관제 전형에 제출할 포트폴리오에 아주 유용하게 활용할 수 있습니다.

⇨ 의미 있는 봉사 활동을 바탕으로 한 솔직한 포트폴리오 만들기

봉사 활동의 경우, 그 의의와 가치, 소외된 사람과 사회적 약자에 대한 고민을 하고 활동한 학생과 단지 시간을 채우기 위한 봉사 활동을 한 학생은 입학사정관제 전형에서 인터뷰와 면접 시 구분할 수 있다고 합니다. 따라서 봉사 활동의 동기, 내용 및 의미 그리고 자신의 삶에 미친 영향, 사회적 약자에 대한 배려 등에 대한 자신만의 고유한 생각을 가지고 있어야 합니다. 그리고 지원자 스스로의 계획에 의한 봉사 실적을 포트폴리오로 만들어 제출하는 것이 중요합니다.

Tip

동아리 활동과 봉사 활동을 연계해 보세요~

자신의 진로와 적성이 반영된 동아리 활동을 통해 봉사 활동까지 연결지을 수 있습니다. 이는 입학사정관들에게 본인의 관심과 진로 및 적성 등을 봉사 활동에 적용한 좋은 예로 보일 수 있는 기회입니다. 또한, 학생이 지원하려는 학과의 전공 적합성과도 연계된 동아리-봉사 활동이 되겠죠?

⇨ 동아리 활동과 봉사 활동을 연결한 사례

사례1

저는 제빵 동아리에서 만든 빵을 사회 복지 시설에 전달하는 봉사 활동을 했어요. 제빵 기술을 취득할 수 있는 동아리 활동을 하면서 자연스럽게 봉사 활동을 할 수 있어 행복하답니다.

사례2

저는 교육 동아리에 가입해 지역 아동 센터에서 초·중학생들을 대상으로 학습 지도 봉사를 하고 있어요. 학습 지도뿐만 아니라 소외 계층의 학생을 위한 멘토 역할도 한답니다. 가르치며 도리어 학습 지도 방법을 배우고 있어, 선생님이 되고 싶은 저에게 많은 도움이 됩니다.

사례3

우리 댄스 동아리에서는 정기적으로 고아원에 방문하여 이벤트 공연을 하고 있습니다. 즐거움을 선사하는 기분은 최고예요. 저의 적성에 맞는 동아리 활동을 통해 보람과 가치를 동시에 느껴요.

④ 입학사정관제로 대학에 입학한 사례

⇨ **고려대학교** - 국제학부에서 정신 지체 아동 돌보기, 태안 성금 모금 활동, 우리 역사 바로 알기 대회 수상, 고등학생 UCC 대회에서 입상한 학생을 선발했습니다.

⇨ **서울대학교** - 불어불문학과에서 해외 경험 없이 프랑스 어 자격증(DELF B 1,2)을 취득하고 프랑스 어 번역 작업, 프랑스 어 연극 공연, 어린아이들 프랑스 어 지도 등의 활동을 한 학생을 선발했습니다.

⇨ **성균관대학교** - 사회 과학 계열에서 인권 변호사가 되기 위해 법에 관한 동아리 활동, 학생 기자 활동, 학생 모의 재판 대회 등 자신의 진로와 관련된 활동 경력을 쌓아 온 학생을 선발했습니다.

⇨ **연세대학교** - 의류환경학과에서 교내 각종 공모전에서 창의적인 아이디어로 상을 받고, 학교 활동에 적극적으로 참여한 학생을 선발했습니다.

⇨ **한양대학교** - 생활과학부에서 요리사의 꿈을 가지고 요리 관련 블로그를 운영하는 학생을 선발했고, 언론정보학부에서 스포츠 관련 저널리스트를 꿈꾸며 잡지와 신문에 칼럼을 기고한 학생을 선발했습니다.

※ 예시 대학은 가, 나, 다 순입니다.

입학사정관제 창의적 체험 활동

 Q & A

입학사정관제 Q & A

Q 입학사정관 전형의 주요 요소는 무엇인가요?

A 입학사정관 전형의 중요한 요소는 교과 성적, 자기소개서, 학습 계획서, 추천서, 면접 능력 등입니다. 교과 내신 성적의 경우, 목표하는 학교와 학과 특성에 맞는 과목의 내신 성적 관리가 매우 중요합니다. 자신의 진로와 연관된 다양한 창의적 체험 활동 경험도 중요한 평가 요소입니다. 포트폴리오는 직접적인 전형 요소에 포함되지는 않지만 이를 통해 다른 사람에게 자신을 종합적으로 알릴 수 있는 수단이 될 것입니다. 포트폴리오에는 3년간의 자율, 동아리, 봉사활동 중 의미 있는 경험에 대한 기록이 담겨 있기 때문에 평소 미리미리 준비하여 작성하면 좋은 평가를 받는 데 큰 역할을 할 것입니다.

Q 공부를 못해도 입학사정관 전형으로 합격할 수 있나요?

A 입학사정관제가 교과 성적 외에도 학생의 잠재력을 중요한 평가 요소로 보는 것은 사실입니다. 하지만 교과 성적을 안 본다는 이야기는 아닙니다. 성적은 학교생활의 성실성을 보여 주는 중요한 지표이므로, 가장 기초가 되는 요소 중에 하나입니다.

자율 활동 Q & A

Q 학급에서 몇몇 친구들이 모여 체육 활동을 했는데, 그것도 자율 활동에 기록할 수 있을까요?

A 자율 활동에 기록할 수 있지만, 그 활동이 특별한 의미나 목적이 있고 학급 활동과 관련되어 있을 때 기록하는 것이 좋습니다.

Q 개인적으로 환경 분야에 관심이 많아 꾸준히 환경을 탐사하고 환경 일기를 쓰고 있는데, 이런 것도 올릴 수 있나요?

A 이 경우 범교과 영역으로 창의적 특색 활동에 올릴 수 있습니다. 학생 개인의 창의적 특색 활동 영역에 포함되므로 사진 자료를 첨부해서 올리면 더 좋을 것 같네요. 자신의 진로와 관련된 것이라면 입학사정관제 전형에서 소중한 자료가 될 것입니다.

동아리 활동 Q & A

Q 저는 고교 시절 3년 동안 영상 동아리 활동을 했습니다. 이러한 활동이 입학사정관제로 대학에 입학하는 데 도움이 되나요?

A 영상물을 제작한 학생이 성균관대학교 자기 추천 전형으로 영상학과에 진학했습니다. 이 학생이 영상물을 제작할 수 있었던 이유는 동아리 활동을 통해 실력을 쌓았기 때문입니다. 이처럼 자신이 가고자 하는 전공과 관련 있는 동아리 활동은 입학사정관제에 도움이 될 수 있습니다.

Q 동아리 활동에서 임원을 했는데, 입학사정관제 리더십 전형에 지원할 수 있나요?

A 입학사정관제에서는 단순히 임원 활동을 했다는 경력으로 리더십을 평가하지 않습니다. 학생이 한 활동에서 리더십을 발휘한 과정이 중요합니다.
자신의 전공과 관련된 다양한 분야에서 리더십을 발휘했고, 그 리더십이 어떤 과정을 거쳐 다른 사람에게 영향을 주었는지 증명할 수 있다면 리더십 전형에 도전할 수 있습니다.

봉사 활동 Q & A

Q 봉사 활동이 너무 재미있어요. 효과적으로 할 수 있는 방법은 없을까요?

A 봉사 활동이 자신에게 즐겁고 의미 있는 일이라고 생각하는 학생이라면, 봉사 활동 계획표를 작성할 때 매월 학업 계획표의 일부분으로 시간을 배정하세요. 마치 봉사 활동이라는 한 과목이 있고 이 과목을 정해진 기간에 일정하게 수행하는 것으로 생각해 볼 수 있겠죠.

Q 취미 활동으로 한 봉사 활동도 도움이 될까요?

A 학습을 목적으로 한 활동보다는 취미로 한 활동이 입학사정관들에게는 더 가치 있는 것으로 보여질 수 있습니다. 취미 활동으로 했다는 것은 그 분야에 대한 흥미와 관심이 있다는 것이고 그 분야를 즐길 수 있다는 것을 보여 주기 때문입니다.

Q 해외 봉사 활동도 도움이 될까요?

A 입시만을 위한 봉사 활동은 실질적으로 학생들에게 도움이 되지 않습니다. 해비타트 활동 같은 사랑의 집 짓기 활동은 해외에서 이루어지기 때문에 참가 비용이 들게 됩니다. 그런데 만약, 학생이 주도하여 참여한 모습이 보여지지 않는다면 해외 봉사라고 더 가치 있는 것이 아니라 오히려 국내에서 자발적으로 한 봉사 활동이 더 가치 있게 인정될 수 있습니다.

Q 봉사 활동을 많이 하면 입학사정관제에서 더 좋은 점수를 받을 수 있나요?

A 양적으로 시간만 늘린 봉사 활동은 학생들에게 도움이 된다고 보기 어렵습니다. 봉사 활동의 진정한 의미는 그것을 통해 학생이 어떤 영향을 받았고 어떤 생각을 하게 되었는지에 있습니다. 따라서 꾸준하고 지속적으로 봉사 활동을 하며 느낀 점을 잘 기록해 두는 것이 중요합니다.

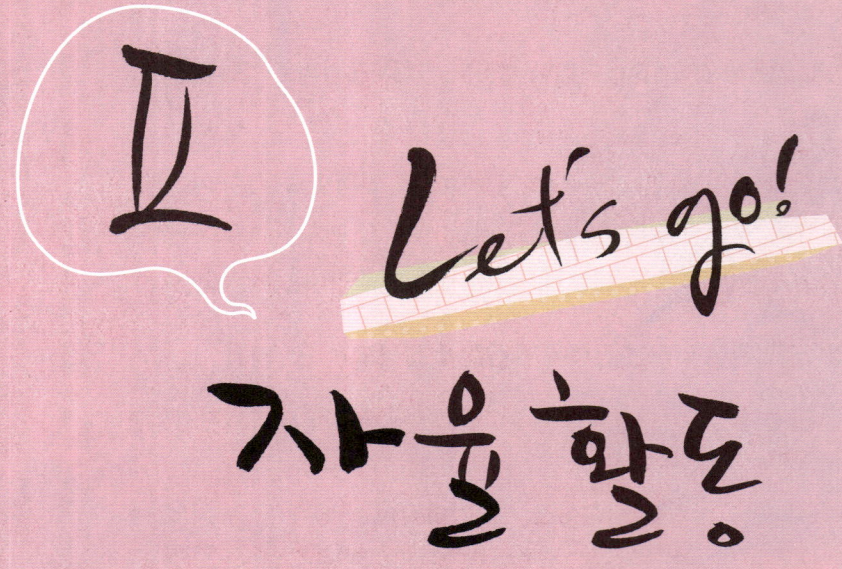

Ⅱ Let's go!
자율활동

01
자율 활동 워밍업!
- 나에게 알맞은 자율 활동 찾기
- 자율 활동 연간 계획표 만들기

02
자율 활동 에듀팟에 올리기
- 자율 활동 작성 방법
- 자율 활동 작성하기
- 자율 활동 자기소개서에 작성하기

적극적인 자율 활동으로 민주적이고 합리적인 절차와 방법들을 익힐 수 있습니다.

나의 적성과 성격을 살려 적극적으로 학교생활을 해 볼까요?

학교에서 하는 다양한 활동에 능동적으로 참여함으로써

여러분의 꿈에 한 발짝 다가갈 수 있기를 바랍니다. Let's go!

나의 자율 활동 이력

학 년	활동명	활동 내용	활동 기간	에듀팟 기록 여부
1				
2				
3				

Let's go! 자율 활동

자율 활동 워밍업!

자기 주도적 자율 활동 하기

자율 활동은 '자발성에 바탕을 두고 변화하는 환경에 대응하며 공동체 구성원으로서 역량 형성'을 목표로 하는 활동입니다. 따라서 학교의 계획에 따라 움직이는 활동이더라도 능동적으로 참여하며, 자기 주도적으로 활동하는 것이 좋습니다.

고등학교 3년 동안 학교에서는 교과 활동 외에도 많은 자율 활동을 하게 됩니다. 어떤 활동은 학생 모두 참여해야 하는 필수 활동이지만, 어떤 활동은 자신의 진로나 관심사에 따라 선택하고 계획할 수 있습니다.

어떻게 하면 자기 주도적으로 자율 활동을 잘 해낼 수 있을까요? 먼저 내가 잘할 수 있는 것과 부족한 것부터 찾아보아야 합니다. 그렇게 자신을 알아야 자신에게 알맞은 활동을 할 수 있을 것입니다.

① 나에게 알맞은 자율 활동 찾기

예시 나에게 알맞은 자율 활동

<table>
<tr><th rowspan="2">적
응
활
동</th><th colspan="1">나의 장점(내가 잘하는 것)</th><th colspan="1">활동하고 싶은 영역</th></tr>
<tr><td>레크리에이션</td><td>반 친구 생일 잔치 진행</td></tr>
<tr><th>나의 단점(고치고 싶은 것, 잘하고 싶은 것)</th><th>극복하기 위한 활동</th></tr>
<tr><td>계획을 잘 세우지 못하고,
남의 말을 귀담아 듣지 못함.</td><td>사제동행 계획 세우고 의견 모으기</td></tr>
</table>

<table>
<tr><th rowspan="2">자
치
활
동</th><th colspan="1">나의 장점(내가 잘하는 것)</th><th colspan="1">활동하고 싶은 영역</th></tr>
<tr><td>청소와 정리 정돈</td><td>분리 수거와 환경 미화</td></tr>
<tr><th>나의 단점(고치고 싶은 것, 잘하고 싶은 것)</th><th>극복하기 위한 활동</th></tr>
<tr><td>여러 사람 앞에서 생각을 잘 말하지 못함.</td><td>학급 회의 시간에 서기를 맡아 정리하고 발표하기</td></tr>
</table>

<table>
<tr><th rowspan="2">행
사
활
동</th><th colspan="1">나의 장점(내가 잘하는 것)</th><th colspan="1">활동하고 싶은 영역</th></tr>
<tr><td>춤추기</td><td>학예회에서 춤 안무를 짜고 발표하는 일</td></tr>
<tr><th>나의 단점(고치고 싶은 것, 잘하고 싶은 것)</th><th>극복하기 위한 활동</th></tr>
<tr><td>자신감이 부족함.</td><td>학급 발표회 계획을 세우고 의견 조정하기</td></tr>
</table>

<table>
<tr><th rowspan="2">창
의
적
특
색
활
동</th><th colspan="1">나의 장점(내가 잘하는 것)</th><th colspan="1">활동하고 싶은 영역</th></tr>
<tr><td>컴퓨터 워드 작업</td><td>학급 문집 편집하기</td></tr>
<tr><th>나의 단점(고치고 싶은 것, 잘하고 싶은 것)</th><th>극복하기 위한 활동</th></tr>
<tr><td>감정 표현에 서툼.</td><td>'친구 사랑의 날' 칭찬 엽서 쓰기</td></tr>
</table>

적응 활동

적응 활동은 학교·학급 생활에 원만하게 적응할 수 있는 기본 생활 습관을 기르고 협동 활동을 통해 건전한 교우 관계를 형성하는 것을 주된 목적으로 하고 있습니다. 또 선생님과 상담과 대화를 하면서 즐거운 학교생활을 하도록 하여 학생들이 올바른 심성을 가지게 하는 목표도 있습니다.

적응 활동 세부 내용 예시

- **입학, 진급, 전학 등에 따른 학교생활에 잘 적응하기 위한 많은 활동**
  (신입생 오리엔테이션, 같은 취미, 같은 성격, 같은 동네 친구 모임 등)
- **예절이나 질서, 기본 생활 습관 형성을 비롯한 친목, 사제동행으로 하는 활동**
  (학급 친구들의 생일 잔치, 음식 만들기, 미니 체육 대회, 이달의 인사 왕, 마니또 게임 등)
- **학습, 건강, 성격, 교우 등의 상담 활동**
  (짝이 멘토가 되어 공부를 돕는 활동, 성적 온도계, 점심 배드민턴 동호회 등)

나의 장점(내가 잘하는 것)	활동하고 싶은 영역

나의 단점(고치고 싶은 것, 잘하고 싶은 것)	극복하기 위한 활동

자치 활동

학급과 학교에서 일어나는 여러 문제에 대해 적극적으로 참여하고 협의하여 실천하도록 하는 활동을 말합니다. 문제를 해결하기 위한 다양한 협의와 실천 경험을 통해 스스로 해결하려는 적극적인 태도를 기를 수 있겠지요?

자치 활동 세부 내용 예시

- 학급 규정집 만들기, 학생회 캠페인 활동, 협의 활동, 운영 위원 활동, 모의 의회, 토론회 등
- 1인 1역, 학급 임원 활동, 학생회 임원을 하면서 경험한 다양한 활동 등

나의 장점(내가 잘하는 것)	활동하고 싶은 영역

나의 단점(고치고 싶은 것, 잘하고 싶은 것)	극복하기 위한 활동

행사 활동

학교 내에서 하는 여러 행사의 의미와 중요성을 이해하기 위한 활동입니다. 이러한 행사에 자발적으로 참여하여 학교 발전에 노력하는 태도를 기를 수 있습니다.

행사 활동 세부 내용 예시

- 시업식, 입학식, 졸업식, 종업식, 기념식, 경축일 활동 등
- 전시회, 발표회, 학예회, 경연 대회, 실기 대회 활동 등
- 학생 건강 체력 평가, 체격 및 체질 검사, 체육 대회, 친선 경기 대회, 안전 생활 훈련 등
- 수련 활동, 현장 학습, 수학여행, 학술 조사, 문화재 답사, 국토 순례, 해외 문화 체험 등

나의 장점(내가 잘하는 것)	활동하고 싶은 영역
나의 단점(고치고 싶은 것, 잘하고 싶은 것)	극복하기 위한 활동

창의적 특색 활동

학교 지역의 특색 활동을 통해 학교와 지역 사회를 알아 가면서 학교와 지역 사회를 자랑스럽게 생각하는 마음을 키울 수 있습니다.

창의적 특색 활동 세부 내용 예시

- 학생 특색 활동 : 1인(人)1기(技), 나의 뿌리 알아보기, 나의 꿈, 나의 희망 찾기 등
- 학급 특색 활동 : 학급 문고 만들기, 좋은 학급 만들기, '친구 사랑의 날' 칭찬 엽서 쓰기 등
- 학년 특색 활동 : 교과서 물려주기, 학급 신문 만들기 대회, 독서 감상문 대회 등
- 학교 특색 활동 : 교복 물려주기, 인성 퀴즈 대회, 학교 사랑 글짓기 대회 등
- 지역 특색 활동 : 지역 문화재 답사, 지역의 역사 계승 활동 등
- 학교 전통 수립 활동 : 타임캡슐 매설, 에너지 사랑단 활동 등
- 학교 전통 계승 활동 : 맞춤 체력 인증제, 흡연 제로 프로그램 등

나의 장점(내가 잘하는 것)	활동하고 싶은 영역
나의 단점(고치고 싶은 것, 잘하고 싶은 것)	극복하기 위한 활동

② 자율 활동 연간 계획표 만들기

나의 장점을 잘 살려, 진로와 연계할 수 있는 활동이나, 나의 단점을 극복하기 위한 활동을 체크해 보고, 어떤 활동을 할지 생각해 보았나요?

이제 학교나 학급에서 하는 활동을 선택하고, 어떤 활동에 참여하고 싶은지 구체적인 계획표를 만들어 보세요.

예시 자율 활동 계획표

활동 구분	참여하고 싶은 활동	참여 동기와 목표	기대하는 변화된 나의 모습은?
적응 활동	1. 사제동행 (여름 방학 난지도 1박 2일 캠프) 2. 학습 부장	1. 고등학생이 되어서 새 친구들, 선생님과 좋은 추억을 만들고 싶어서. 2. 학습 부장이 되어 선생님들과 친해지고, 성적도 올리고 싶어서.	중학교 때는 학급 일에 관심이 적고 내성적인 편이어서 행사에 거의 참여하지 않았다. 중학교를 졸업하고 나니 친구들과 함께 만날 일이 거의 없었다. 오랜만에 친구들을 만나도 함께 할 추억이 없다는 것이 많이 아쉬웠다. 이제 고등학교에서는 내가 먼저 적극적으로 참여해, 친구들, 선생님과 좋은 추억을 만들 것이다.
자치 활동	학생회 – 선거 출마	학생 회장 선거에 나가서 소극적인 성격을 조금이나마 고쳐 보고 싶어서.	스스로가 자신을 갖고 도전할 때 다른 사람들도 나를 당당하게 봐 주는 것 같다. 전교생 앞에서 연설하는 나는 당당하고 적극적인 모습일 것이다.
행사 활동	체육 대회 – 계획 세우기	평소 운동을 좋아하고 잘하기 때문에 나의 이런 능력을 발휘해 보려고.	체육 대회 우승을 이끌고 싶다. 내가 가진 운동 능력과 리더십을 발휘해 우리 반의 단합도 이뤄 내고 우승도 할 것이다.
창의적 특색 활동	학년 특색 활동 – 꿈 찾기	학년 특색 활동인 '꿈 찾기'를 통해 나의 적성과 진로를 확실히 찾기 위해.	내가 좋아하는 것과 잘하는 것 그리고 현재의 나의 위치를 알고 싶다. 그래서 현재 나의 상황에서 해야 할 일, 할 수 있는 일을 정확히 파악하고 구체적인 목표를 정하는 것이 나의 계획이다. 이제는 더 이상 방황하면서 시간을 버리지 않고 나의 꿈을 위해 노력하는 일만이 남았다.

활동지 〈1학년〉 자율 활동 계획표

활동 구분	참여하고 싶은 활동	참여 동기와 목표	기대하는 변화된 나의 모습은?
적응 활동			
자치 활동			
행사 활동			
창의적 특색 활동			

활동지 〈2학년〉 자율 활동 계획표

활동 구분	참여하고 싶은 활동	참여 동기와 목표	기대하는 변화된 나의 모습은?
적응 활동			
자치 활동			
행사 활동			
창의적 특색 활동			

활동 구분	참여하고 싶은 활동	참여 동기와 목표	기대하는 변화된 나의 모습은?
적응 활동			
자치 활동			
행사 활동			
창의적 특색 활동			

Let's go! 자율 활동

자율 활동 에듀팟에 올리기

학교 계획에 의한 자율 활동의 목적과 동기가 매 활동마다 중복될 경우, '이전 자료 불러 오기' 기능을 활용하세요.

1 자율 활동 작성 방법

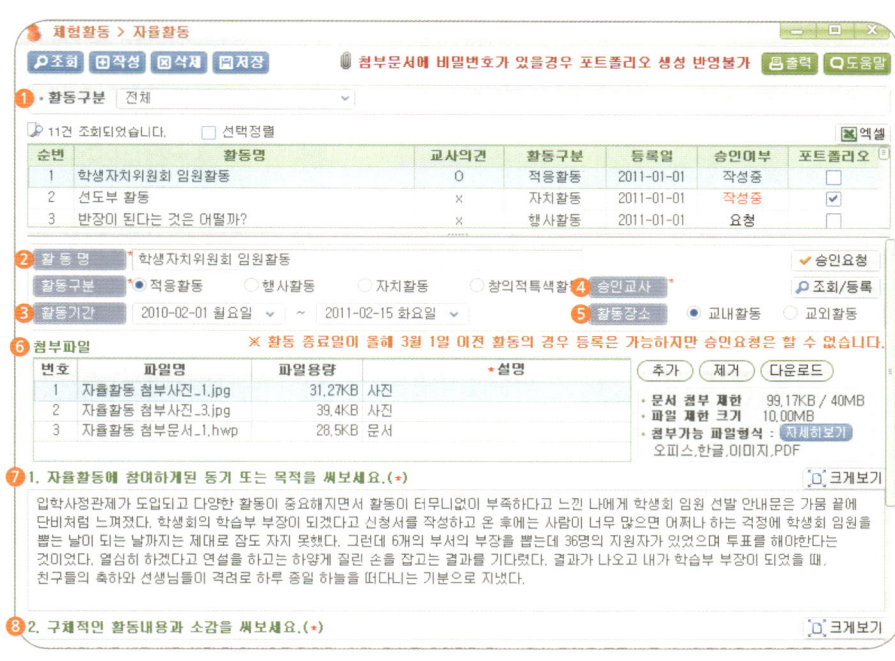

❶ **활동 구분** : 자신이 작성하려는 자율 활동이 적응 활동, 자치 활동, 행사 활동, 창의적 특색 활동 중 어느 활동에 해당하는지 선택합니다.

❷ **활동명** : 참여한 자율 활동 이름을 적습니다.

❸ **활동 기간** : 자율 활동에 참여한 기간을 기록합니다.

❹ **승인 교사** : 자율 활동 정보 승인을 위한 선생님을 적습니다.(기본적으로 담임 선생님 선택)

❺ **활동 장소** : 교내 활동과 교외 활동 중 선택합니다.

❻ **첨부 파일** : 활동 시 사진 등 자료가 될 만한 파일을 첨부합니다. 사용 가능한 파일 확장자는 JPG, GIF, HWP, XLS, PPT, PDF입니다. 첨부 파일 크기는 10MB 이내이므로, 파일을 업로드할 때는 자료를 효율적으로 다양하게 올릴 수 있도록 사진의 용량 등은 줄여서 올리면 좋습니다.

❼ **자율 활동에 참여하게 된 동기 또는 목적** : 활동에 참여한 동기 또는 목적을 구체적으로 적습니다.

❽ **자율 활동 내용과 소감** : 활동 내용을 구체적으로 적습니다. 변화 과정이나 활동의 흐름이 보이게 적고, 활동 후 자신의 변화된 모습이나 앞으로의 계획 등을 적습니다.

② 자율 활동 작성하기

예시 1 적응 활동

활동명 : 신입생 오리엔테이션

활동 구분 : ☑ 적응 활동 ☐ 행사 활동 ☐ 자치 활동 ☐ 창의적 특색 활동   **승인 교사** : 박선유 선생님

활동 기간 : 201X-03-07 ~201X-03-08   **활동 장소** : ☑ 교내 활동 ☐ 교외 활동

항목	내용	활동 내용 작성
어떤 활동을 했나요?	• 신입생 오리엔테이션	학교에서 1박 2일간 신입생 오리엔테이션을 했다. 신입생 오리엔테이션은 학교생활의 적응을 돕기 위해 마련한 프로그램이다. 각 학교에서 온 낯선 학생들이 서로에 대해 알아 가는 시간을 마련해, 빠른 시간 내에 학교에 적응하도록 하기 위해서다. 그리고 자신의 적성과 진로를 정할 수 있도록 나의 특성을 찾기 위해 이 프로그램이 마련되었다고 했다.
활동 동기 및 목적은 무엇인가요?	• 학교생활 적응 • 나의 특성 찾기	중학교 때는 입학식을 하고 강당에서 간단하게 안내만을 했는데, 무언가 다른 걸 보니, 나의 진로를 구체적으로 생각할 때가 왔음을 실감했다. 처음엔 선생님을 소개했고, 학교 시설을 둘러보며 안내를 받았다. 그리고 본격적인 오리엔테이션이 진행되었다.
주로 어떤 활동을 했나요? (인상 깊은 활동)	• 나 알기와 친구 알기 • 꿈을 찾기 위한 진로 탐색	가장 인상 깊은 프로그램은 '나 알기'와 '주변 알기'였다. 새 학교와 새 친구, 모든 것이 낯설어 조금은 긴장했는데 다양한 게임과 발표 활동, 재미있는 설문 활동을 하면서 자연스럽게 친구들과 가까워졌다. 입학식을 하고 어색한 분위기에서 하루를 보내야 했던 전과는 매우 다른 느낌이었고 마치 오랫동안 사귀었던 친구들처럼 서로 편하게 생각되었다. 또 기억에 남는 프로그램은 '꿈 찾기'였다. 간단한 진로 탐색 활동을 통해 나의 적성과 재능을 발견할 수 있었다. 그리고 내가 하고 싶은 일과 그것을 이루기 위해 무엇을 해야 하는지 다른 친구들의 인생 설계도를 들어 보면서 내 꿈을 다시 한번 돌아볼 수 있는 시간이어서 좋았다.
활동을 통해 깨달은 점 또는 변화된 점은 무엇인가요?	• 즐거운 학교생활의 시작은 친구임을 깨달음. • 내 꿈을 다시 한번 돌아봄. • 낯선 사람을 사귀는 데 대한 두려움을 극복함.	새로운 것을 시작할 때는 설렘과 두려움이 항상 함께하는 것 같다. 하지만 이번 오리엔테이션을 통해 낯선 친구들과 어울리는 두려움을 극복할 수 있었다. 그뿐만 아니라 새로운 것을 시작하는 막연한 두려움을 미래에 대한 기대로 바꿀 수 있었다.

> 자신에게 특별한 의미가 있는 경험이나 나의 가치관이나 삶에 영향을 준 경험 위주로 기록하세요.

예시 2 행사 활동

활동명 : 국립평창수련원 수련 활동

| 활동 구분 : ☐ 적응 활동 ☑ 행사 활동 ☐ 자치 활동 ☐ 창의적 특색 활동 | 승인 교사 : 박선유 선생님 |

| 활동 기간 : 201X-04-07 ~201X-04-09 | 활동 장소 : ☐ 교내 활동 ☑ 교외 활동 |

항목	내용	활동 내용 작성
어떤 활동을 했나요?	• 수련 활동	2박 3일 동안 국립평창수련원에 수련 활동을 갔다. 수련 활동은 우리의 몸과 마음을 건강하게 하기 위한 단체 활동이다. 특히, 단체 활동을 통해 공동체 의식을 기르고 스스로를 사랑하는 사람이 되기 위한 활동이라고 한다.
활동 동기 및 목적은 무엇인가요?	• 몸과 마음 수련	강원도 평창, 처음 가 보는 곳인 데다 외딴곳에 위치해 있어, 별다른 기대를 하지 않았다. 하지만 이곳에선 마치 우리의 마음을 읽은 듯 우리의 눈높이에 맞춘 다양한 활동이 준비되어 있어 만족스러웠다. 모둠별 활동을 통한 단결심 기르기, 예술 창작 활동 등 다양한 활동 중 자신이 원하는 활동을 선택할 수 있었다.
주로 어떤 활동을 했나요? (인상 깊은 활동)	• 수화로 노래하기	우리 반은 수화로 노래를 했는데, 수화를 배우기 전 수화에 대한 간단한 설명과 체험의 기회가 있었다. 그동안 말하는 것에 대한 불편함이 없었기 때문에 청각 장애인이나 말을 하지 못하는 사람에 대해 생각해 본 적이 없었다. 그러나 수화로 노래를 불러 보니 오직 손을 사용해 나의 감정과 생각을 전달해야 해 답답했다.
활동을 통해 깨달은 점 또는 변화된 점은 무엇인가요?	• 다른 사람의 입장에서 생각할 줄 알게 됨. • 작은 일에도 감사할 줄 알아야겠다고 다짐함.	소리를 들을 수 있고 소리를 내서 말할 수 있는 것에 대해 새삼 감사하다는 생각을 하게 되었다. 아주 짧은 경험이었지만 난 이 활동을 통해 다른 사람의 입장이 되어 세상을 보고, 작은 일에도 감사할 줄 아는 사람이 되어야겠다고 다짐했다.

행사 활동을 통해서 자신의 재능을 발견했다거나 힘들었지만 보람 있었던 경험을 쓰면 좋을 거예요.

활동명 : 학생회 활동		

활동 구분 : ☐ 적응 활동 ☐ 행사 활동 ☑ 자치 활동 ☐ 창의적 특색 활동	승인 교사 : 김태욱 선생님

활동 기간 : 201X-03-05 ~201X-12-20	활동 장소 : ☑ 교내 활동 ☐ 교외 활동

항목	내용	활동 내용 작성
어떤 활동을 했나요?	• 학생회	난 2년 동안 학생회 활동을 했다. 이 기간은 나에게 많은 것을 배울 수 있는 시간이었다. 난 성격이 명랑한 편인 데다 오지랖도 넓고 나서기도 잘해서 어찌 보면 무척 산만한 아이였다. 그런 나를 국어 선생님이 부르셨다. "사람은 누구나 장점이 있고 단점이 있단다. 누구나 장점을 더욱 훌륭하게 가꿔 간다면 남 앞에서 당당하고 멋진 너를 만들 수 있을 거야. 너의 밝고 나서기 좋아하는 사교적 성격을 누구나 인정하는 장점으로 만들어 보지 않겠니?"
활동 동기 및 목적은 무엇인가요?	• 선생님의 권유 • 책임감과 신중함을 기르기 위해(단점 극복)	선생님께서는 내가 주의가 산만하고 너무 명랑한 나머지 친구들에게 피해를 주기도 하니까 책임 있는 일을 맡아서 하면 좀 더 신중하게 생각하고 행동할 수 있을 거라고 하시며 학생회 활동을 권유하셨다.
주로 어떤 활동을 했나요? (인상 깊은 활동)	• 학교의 규정을 정하기 위한 의견 모으기 • 학생 대표 발표	선생님의 권유로 나의 단점을 극복해 보고자 시작한 학생회 활동에서 나의 적극적인 성격을 살려 많은 활동을 했다. 그중 가장 기억에 남는 일은 학교 규정 정하기 활동에 참여한 것이다. 학생 인권 조례 발표 이후 우리 학교에서도 새로운 규정을 만들기 위해 여러 번 회의를 했는데, 나는 교복, 머리, 실내화 등 복장에 대한 안과 등교 시간, 상벌점 등에 대한 학생들의 의견을 반영하기 위해 설문지를 만들어 직접 뛰어다니며 의견을 모으는 등 많은 준비를 했다. 그리고 선생님들, 부모님들, 학생회가 모여서 회의를 했는데, 선생님, 부모님들과 학생회의 의견에 약간의 차이가 있었다. 나는 많은 학생들을 대표해서 의견을 말해야 했기 때문에 최대한 정확하고 오해 없이 학생들의 생각을 전달하려고 애썼다. 그러다 보니 어느새 차분하고 진지한 태도를 갖게 되었고 책임감도 생겼다.
활동을 통해 깨달은 점 또는 변화된 점은 무엇인가요?	• 리더십, 전체를 보는 눈, 책임감을 길렀음. • 친구들 사이에서 신뢰를 얻음.	학생회 일을 하다 보니 학생, 선생님, 부모님들 그리고 많은 친구들 앞에서 객관적이고 공정한 입장에서 일을 처리해야 하는 상황이 많아졌다. 그러면서 어떤 일을 기획할 때 어느 한 곳에 치우치지 않고 전체를 고려하여 일을 처리하는 능력을 기르게 되었다. 그리고 이러한 일 처리를 통해 다른 친구들에게 믿음을 주어 나서기만 하는 친구가 아닌, 자신의 일에 책임감을 갖고 일하는 긍정적인 리더로 인정받게 되었다.

자신의 성장에 도움을 받은 부분을 중심으로 쓰면 좋겠지요.

활동명 : 함께하는 우리말 사랑

활동 구분 : ☐ 적응 활동 ☐ 행사 활동 ☐ 자치 활동 ☑ 창의적 특색 활동 | **승인 교사** : 김태욱 선생님

활동 기간 : 201X-03-05 ~ 201X-12-20 | **활동 장소** : ☑ 교내 활동 ☐ 교외 활동

항목	내용	활동 내용 작성
어떤 활동을 했나요?	• 함께하는 우리말 사랑 – 반 대표 도우미	우리 학교에서는 '함께하는 우리말 사랑'이라는 특색 활동을 했는데, 나는 이 특색 활동에서 우리 반 대표로 도우미 활동을 하였다. 처음엔 '우리말 도우미' 활동을 하면 봉사 활동 시간으로도 인정해 주고, 다양한 우리말 행사가 있어서 상과 상품을 받을 기회도 있다고 해서 하게 되었다. 상도 받고 봉사 활동 시간도 인정받아 볼 욕심에 시작한 일이지만 각 반에 우리말 자료를 나눠 주고 게시하는 일을 하면서 우리말에 관심이 생기기 시작했다.
활동 동기 및 목적은 무엇인가요?	• 봉사 활동 시간도 인정 받고 상도 받으려고.	우리말 자료는 일주일에 한 번씩 나왔는데, 선생님이 주로 만드셨다. 자료에는 우리말 어원, 틀리기 쉬운 우리말, 우리말의 자랑스러운 점, 우리말과 관련한 보도 자료 등이 담겨져 있었다. 심심할 때 가만히 읽어 보면 신기하기도 하고 내가 잘못 사용하는 말이 참 많다는 걸 새삼 알게 되었다. 나중엔 잘못 사용하는 우리말, 학생들이 많이 사용하는 비속어 등을 조사해 선생님께서 우리말 자료를 만드는 데도 도움을 드렸다.
주로 어떤 활동을 했나요? (인상 깊은 활동)	• 우리말 자료 나눠 주기 • 잘못 사용하는 우리말, 학생들이 많이 사용하는 비속어 자료 조사	이렇게 우리말에 관심을 갖고 하나씩 알아 가다 보니 평소 우리말에 대한 인식이 얼마나 잘못되었는지 알 수 있었다. 특히 국가에서 어떤 제도를 만들거나 기관명을 지을 때, 영어 약자를 사용하거나 무분별한 외국어를 사용하는 경우도 많았는데, 굳이 외국어를 사용하지 않아도 되는 말까지 외국어로 사용하는 것 같아 안타까웠다.
활동을 통해 깨달은 점 또는 변화된 점은 무엇인가요?	• 우리말에 대한 자긍심, 상식을 키움. • 우리말 지키기의 필요성을 느낌.	우리 학교에서 하는 '함께하는 우리말 사랑'은 우리말에 대한 인식을 바꾸어 주었고, 한편으로는 우리말에 대한 자긍심을 키워 주기도 했다. 요즘 친구들은 우리말을 바르게 쓰지 않는 경우가 많고 특히 욕 등의 비속어를 일상생활에서 지나치게 많이 사용하고 있다. 그러면서도 그것에 대해 부끄러움을 느끼는 청소년은 많지 않은 것 같다.

많은 사람들이 우리말을 소중하게 여겨, '세계 기록 유산'인 자랑스러운 한글과 우리말을 잘 지켜 갔으면 좋겠다. |

> 활동을 하면서 자신이 깨달은 점이나 변화된 점들을 기록하면 좋아요.

개요 작성 자치 활동

활동명 :

활동 구분 : ☐ 적응 활동　☐ 행사 활동　☐ 자치 활동　☐ 창의적 특색 활동　　승인 교사 :

활동 기간 :　　　　　　　　　　　　　　　　　　활동 장소 : ☐ 교내 활동　☐ 교외 활동

1. 자율 활동에 참여하게 된 동기 또는 목적을 써 보세요.

활동 동기	활동을 하게 된 동기를 간단히 적어 보세요.
활동 목적	활동을 통해 얻고 싶은 것을 간단히 적어 보세요.

2. 구체적인 활동 내용과 활동 후 소감을 써 보세요.

활동 내용	활동의 과정을 분명히 알 수 있도록 구체적인 항목들을 적어 보세요.
활동을 통해 얻은 깨달음	활동을 통해 새롭게 알게 된 점, 깨달은 점 등을 적어 보세요.
활동을 통해 변화된 내 모습	활동 후 눈으로 볼 수 있게 드러난 결과, 또는 생각이나 태도의 변화를 적어 보세요.

에듀팟 기록 1 나의 자율 활동

활동명 :

활동 구분 : ☐ 적응 활동 ☐ 행사 활동 ☐ 자치 활동 ☐ 창의적 특색 활동   승인 교사 :

활동 기간 :   활동 장소 : ☐ 교내 활동 ☐ 교외 활동

1. 자율 활동에 참여하게 된 동기 또는 목적을 써 보세요.

2. 구체적인 활동 내용과 활동 후 소감을 써 보세요.

에듀팟 기록 2 나의 자율 활동

활동명 :

활동 구분 : ☐ 적응 활동 ☐ 행사 활동 ☐ 자치 활동 ☐ 창의적 특색 활동   승인 교사 :

활동 기간 :   활동 장소 : ☐ 교내 활동 ☐ 교외 활동

1. 자율 활동에 참여하게 된 동기 또는 목적을 써 보세요.

활동 동기	활동을 하게 된 동기를 간단히 적어 보세요.

활동 목적	활동을 통해 얻고 싶은 것을 간단히 적어 보세요.

2. 구체적인 활동 내용과 활동 후 소감을 써 보세요.

활동 내용	활동의 과정을 분명히 알 수 있도록 구체적인 항목들을 적어 보세요.

활동을 통해 얻은 깨달음	활동을 통해 새롭게 알게 된 점, 깨달은 점 등을 적어 보세요.

활동을 통해 변화된 내 모습	활동 후 눈으로 볼 수 있게 드러난 결과, 또는 생각이나 태도의 변화를 적어 보세요.

에듀팟 기록 3 나의 자율 활동

활동명 :

활동 구분 : ☐ 적응 활동 ☐ 행사 활동 ☐ 자치 활동 ☐ 창의적 특색 활동   승인 교사 :

활동 기간 :   활동 장소 : ☐ 교내 활동   ☐ 교외 활동

1. 자율 활동에 참여하게 된 동기 또는 목적을 써 보세요.

2. 구체적인 활동 내용과 활동 후 소감을 써 보세요.

에듀팟 기록 4 나의 자율 활동

활동명 :

활동 구분 : ☐ 적응 활동 ☐ 행사 활동 ☐ 자치 활동 ☐ 창의적 특색 활동   승인 교사 :

활동 기간 :   활동 장소 : ☐ 교내 활동 ☐ 교외 활동

나의 자율 활동 보고서를 형식에 얽매이지 말고 자유롭게 구성해 볼까요?
그림을 그리거나 자료 사진을 붙여 멋진 포트폴리오를 만들어 보세요.

③ 자율 활동 자기소개서에 작성하기

자기소개서에 자율 활동에 대한 내용을 기록할 수 있습니다. 대학에 따라 자기소개서 질문 유형이 조금씩 다르지만, 보통 자신의 진로와 연관된 자율 활동이나 자율 활동을 통한 리더십 향상, 자기 주도적으로 학교생활을 한 점 등을 쓸 수 있습니다.

자율 활동 내용을 위주로 쓴 자기소개서 예시를 읽어 보고, 자신의 자기소개서에 쓰고 싶은 자율 활동이 있다면, 작성 연습을 해 보세요.

예시 1 학생회 임원 활동 – 창의력과 리더십을 보여 주는 자율 활동 사례

학교생활 중 가장 기억에 남는 활동은 학생회 임원을 한 것입니다. 학생회에서 총무를 하며 제가 제안한 '나눔 장터'가 지금까지도 이어지고 있어서 보람을 느낍니다.

나눔 장터는 자신이 쓰던 물건을 가지고 와서 교환하는 행사로, 일 년에 네 번 시험이 끝난 직후에 열렸습니다. 요즘은 집안에 아이들의 수도 많지 않아 물품을 물려주기보다는 한 번 쓰고 버리는 일이 많은데, 새것 같은 물건이 버려지는 것이 아깝기도 하고 낭비라는 생각이 들었습니다. 나에게는 필요 없지만 다른 사람에겐 필요할 수 있는 것을 나눠 쓰면 좋겠다는 생각이 들어서 나눔 장터를 기획하게 되었습니다. 처음엔 학생회 중심으로 작게 시작했는데, 한 학기가 지나고 필요한 물건을 교환해서 쓸 수 있다는 입소문이 나자 많은 아이들이 참여하기 시작했습니다. 지금도 매년 네 번씩 나눔 장터가 열립니다. 나눠 쓰자는 나의 작은 생각에서 출발한 일이 이제는 서로에게 도움을 주는 좋은 일이 되고, 학교의 전통이 되어 가는 것이 자랑스럽습니다.

예시 2 축구 대회 감독 활동 – 진로와 연관된 자율 활동 사례

우리 학교에서는 매년 학년 대항으로 축구 대회가 열리는데, 고등학교 2학년 때 나는 우리 반 축구 팀 총감독을 맡았다. 나는 운동을 잘하는 편은 아니지만 그 누구보다 보는 것을 좋아하고 경기 규칙에 대해 잘 알고 있다. K 리그는 물론 해외 리그까지 선수와 감독, 팀의 전력을 다 파악하고 있을 정도다. 축구 팀 감독 활동은 이러한 나의 실력을 인정받을 수 있는 동시에 나의 이론적 지식들을 실전에서 펼쳐 보일 좋은 기회이기도 했다.

우선 다른 반 선수의 명단과 기량을 조사하고 포지션을 알아내어 비교·분석하여, 우리 반 선수의 위치와 작전을 친구들과 의논해 결정했다. 이 행사를 계기로 나는 스포츠 에이전트가 되어야겠다는 다짐을 할 수 있었다. 스포츠에 대한 열정과 분석력, 리더십이 필요한 스포츠 에이전트야말로 나의 적성과 흥미를 살려 능력을 발휘할 수 있는 직업이라는 생각이 들었다. 00대학의 스포츠학과에서 나의 능력을 갈고 닦아 세계 무대에서 활약할 유망한 선수들을 발굴해 내고 싶다.

작성 연습 1 자기소개서에 기록할 자율 활동 내용을 작성해 보세요.

작성 연습 2 자기소개서에 기록할 자율 활동 내용을 작성해 보세요.

III

Let's go!

동아리 활동

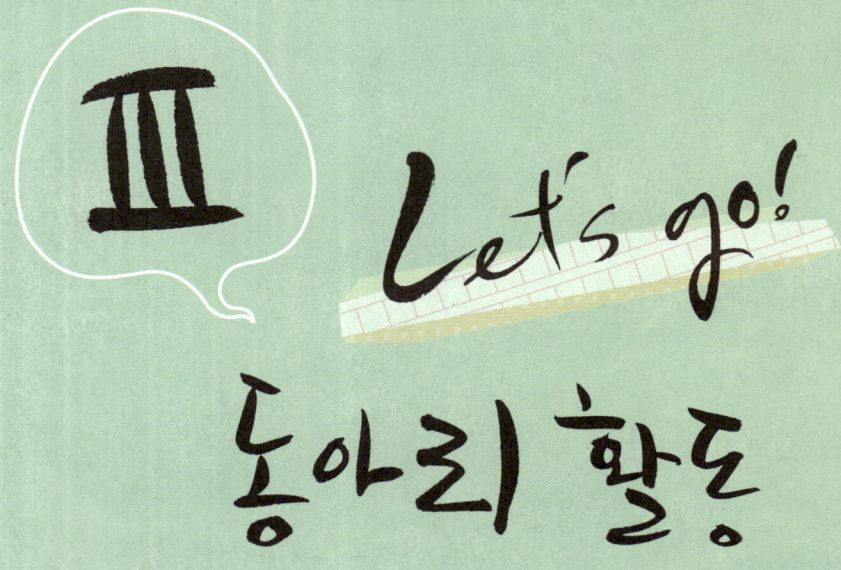

동아리 활동을 구체적으로 하기 위해서는 어떤 목표와 계획을 세워야 할까요?

나의 진로에 꼭 맞는 맞춤식 동아리 활동, 가능할까요?

다양한 동아리 활동을 살펴보고 내게 꼭 맞는 동아리 활동을 찾아보기 위해 *Let's go!*

나의 동아리 활동 이력

학 년	활동 부서	활동 내용 및 기억에 남는 행사	활동 기간	에듀팟 기록 여부
1				
2				
3				

Let's go! 동아리 활동

동아리 활동 워밍업!

동아리 선택과 활동

흥미, 취미, 소질, 적성, 특기가 비슷한 학생들로 구성된 동아리에 자발적으로 참여해, 창의성과 협동심을 기르고, 원만한 인간관계를 형성할 수 있습니다. 또 동아리 활동을 통해서 자신의 잠재 능력을 창의적으로 계발·신장하고, 자아실현의 기초를 닦을 수 있습니다.

대학 입학사정관 전형에서도 동아리 활동은 학생을 평가하는 중요한 요소 중 하나입니다. 따라서 동아리 활동을 시작할 때에는, 자신의 흥미, 취미, 소질, 적성, 특기를 잘 고려하여 신중하게 선택해야 합니다.

동아리를 선택할 때, 자신의 진로와 연계성이 있는 활동도 좋지만, 전공이나 진로 외에 특기 적성을 키우는 활동을 선택해도 좋습니다. 자신의 여가 시간을 활용해 동아리 활동을 함으로써 취미를 특기로 발전시키거나, 새로운 특기를 배워 자신의 단점을 보완하거나 잠재 능력을 발견해 봅시다.

1 동아리 탐색하기

나는 어떤 동아리 활동을 할까? 각 분야에서 해 볼 만한 동아리 활동에는 어떤 것이 있는지 살펴보고, 하고 싶은 동아리가 있다면 적어 보세요. 그리고 그 동아리에서는 어떤 활동을 하는지, 우리 학교에 개설되어 있는지 자세히 알아보세요.

➡️ **학술 관련 동아리**

분야	동아리 활동
심리학	또래 상담 동아리, 청소년 상담 동아리, 아동 심리 연구회, 범죄 심리 연구회, 심리학 스터디, 영화 속 주인공을 통해 배우는 심리학 연구회
역사	문화 유산 답사반, 박물관 기행, 우리 역사 연구회
종교	기독교 · 천주교 · 불교 등 종교 단체 봉사 동아리
철학	철학의 즐거움, 필로스와 소피아의 만남(철학 연구회), 고대 철학가 사상 연구회
경영	창업 동아리, 경영학 연구회, 성공한 경영인의 삶 연구회
경제	경제 학습 동아리, 금융 체험 동아리, 글로벌 세계 경제 탐색 동아리, 미래의 애널리스트 동아리
법률	모의 법정 동아리, 법률 용어 학습 동아리, 생활 속의 법률 연구회, 청소년 인권 동아리
정치 외교	모의 정당 동아리, 청소년 외교관 활동 동아리
수학	수학 사랑반, 창의적 수학 문제 연구회
물리 · 화학	실험 동아리, 생활 속의 과학 연구 동아리, 위대한 과학자 연구회
생명 과학	미래의 생명 기술 연구 동아리, 줄기세포 연구회, 식물 보호 동아리
지구 과학	천체 관측 동아리, 별자리 연구반, 공룡 연구회, 고대 생태계 학습 동아리
재료	친환경 재료 연구회, 신소재 연구회, 나노 기술 학습 동아리
정보 통신	스마트 폰 활용 기술 연구회, 애플리케이션 만들기 동아리, 컴퓨터 프로그램 제작 동아리
에너지 자원	대체 에너지 연구회, 천연자원 연구회, 미래의 에너지 자원 연구회
원자력	원자력 발전소 원리 연구회, 방사능과 관련된 사회적 문제 탐색 동아리
항공	로켓 제작 동아리, 신기전 연구회, 우주 항공 기술 연구회
기술 혁신	발명 동아리, 창업 동아리, 아이디어 발상 동아리, 첨단 기술 속 다양한 직업 탐방 동아리

활동지 내가 하고 싶은 학술 동아리 활동

동아리명	활동 내용	하고 싶은 이유	우리 학교 개설
1순위:			
2순위:			

⇨ 문화 · 예술 관련 동아리

분야	동아리 활동
언어 · 문학	영자 신문반, 문학 연구반, 외국 영화 감상반, 문예 창작반, 외국어 학습 동아리
언론 매체	학교 신문 기자, 방송반 활동, 동영상 제작 동아리
관광	관광 자원 개발 동아리, 우리 문화 세계에 알리기, 관광지 개발 연구회
광고 홍보	공익 광고 만들기 동아리, 청소년 홍보 대사 활동, UCC 광고 제작 동아리
디자인	시각 디자인 · 제품 디자인 · 환경 디자인 · 의류 디자인 · 조명 디자인 동아리
응용 예술	사진 동아리, 영상 제작 동아리, 애니메이션 동아리, 공예반, 캠페인 제작반
음악	실용 음악 동아리, 밴드반, 관현악 동아리, 작사 · 작곡 동아리, 국악반, 음향 제작반
미술 · 조형	서양화반, 동양화반, 서예반, 도자기반, 조각반
연극 · 영화	공연 예술 동아리, 영상 예술 동아리, 연극반, 영화 제작반, 영화 감상반

⇨ 스포츠 관련 동아리

분야	동아리 활동
무용	발레 동아리, 한국 무용 동아리, 댄스 동아리, 힙합 댄스반, 세계 전통 무용 배우기반
체육	축구 · 야구 · 농구 동아리, 배드민턴반, 육상부, 자전거 동아리, 태권도반, 민속놀이
야영	야영 동아리, 등산 동아리

활동지 내가 하고 싶은 문화 · 예술 · 스포츠 동아리 활동

동아리명	활동 내용	하고 싶은 이유	우리 학교 개설
1순위:			
2순위:			

⇨ 실습 노작 관련 동아리

분야	동아리 활동
기계	로봇 동아리, 기계의 이해 동아리, 자동차 연구 동아리
자동차	자동차 디자인, 친환경 자동차 연구회
재료	친환경 재료 연구회, 신소재 연구회, 나노 기술 연구회
건설	미래 도시 연구회, 교량 모형 만들기 동아리, 친환경 건설 연구회
전기전자	전기 전자 제품 발명 동아리, 전기 전자 실습 동아리, LED 조명 연구회
농림·수산	농활 동아리, 독도 지키기 캠페인 동아리, 해양 에너지 탐색 동아리
환경	환경 지킴이 운동회, 녹색 에너지 연구회
항공	로켓 발사 동아리, 신기전 연구회
요리	제과 제빵 만들기, 한식 연구회, 세계 음식 만들기 동아리
조경	식물 기르기 동아리, 꽃꽂이반

⇨ 청소년 단체

분야	동아리 활동
비행 예방 계몽 활동	농촌청소년미래재단, 세계도덕재무장한국본부, 우리누리청소년회
청소년 단체 활동	스카우트연맹, 걸스카우트연맹, 한국청소년연맹, 청소년적십자, 우주소년단, 해양소년단, 국제청소년연합, 그린레인저, 그린스카우트연합, 기독교청소년협회, 남북청소년교유연맹, 아르미청소년문화재단
사회 봉사 활동	한국로타리청소년연합, 한국4-H본부, 한국청소년스포츠연맹, 흥사단, 한국YMCA전국연맹, 한국환경청소년단, 한국청소년인권센터 대건청소년회 대한청소년충효단연맹, 서울가톨릭청소년회
국제 교류 활동	파라미타 청소년연합회, 유네스코 한국위원회

활동지 내가 하고 싶은 청소년 단체 활동

동아리명	활동 내용	하고 싶은 이유	홈페이지
1순위:			
2순위:			

2 동아리 가입하기

➡️ 1학년

동아리명	
담당 교사	
동아리 구성원	
활동 내용	
활동 목표	

➡️ 2학년

동아리명	
담당 교사	
동아리 구성원	
활동 내용	
활동 목표	

➡️ 3학년

동아리명	
담당 교사	
동아리 구성원	
활동 내용	
활동 목표	

다른 동아리 살펴보기

국제 문화 연구 동아리

활동 내용과 목표 정하기	활동 내용	• 다른 나라의 문화 연구, 교류 • 한국에 거주하는 외국인들의 문화 강좌 교육 • 다양한 나라의 언어, 의상, 음식, 놀이 등 문화 체험 축제
	활동 목표	• 타문화에 대한 이해 • 더불어 살아가는 조화로운 태도 기르기

활동 결과물 만들기

교내 전시 활동이나 외부 전시 공간을 빌려 전시하기

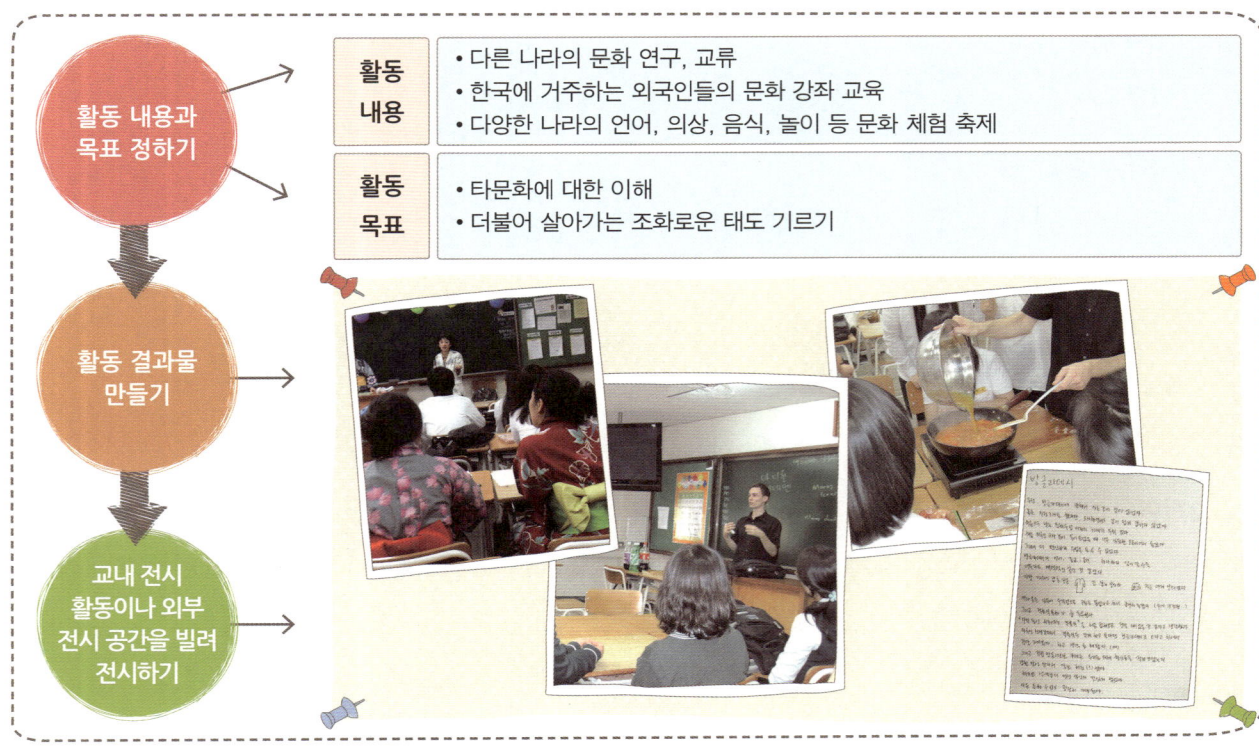

사진과 글의 만남 동아리

활동 내용과 목표 정하기	활동 내용	• 계절, 인물, 거리, 생활 등 차시별로 주제를 정해 사진 촬영 • 사진에 맞는 글을 창작하거나 기존 작가의 글을 선택해 사진과 글이 어우러진 　작품 만들기 • 사진과 글 전시회
	활동 목표	• 일상의 소중함과 작은 것의 가치를 기록으로 남기는 의의를 알게 함 • 사진 촬영 기술을 배움 • 사진에 맞는 다양한 글 창작과 글 읽기로 정서 함양, 창의성 기르기

활동 결과물 만들기

교내 전시 활동이나 외부 전시 공간을 빌려 전시하기

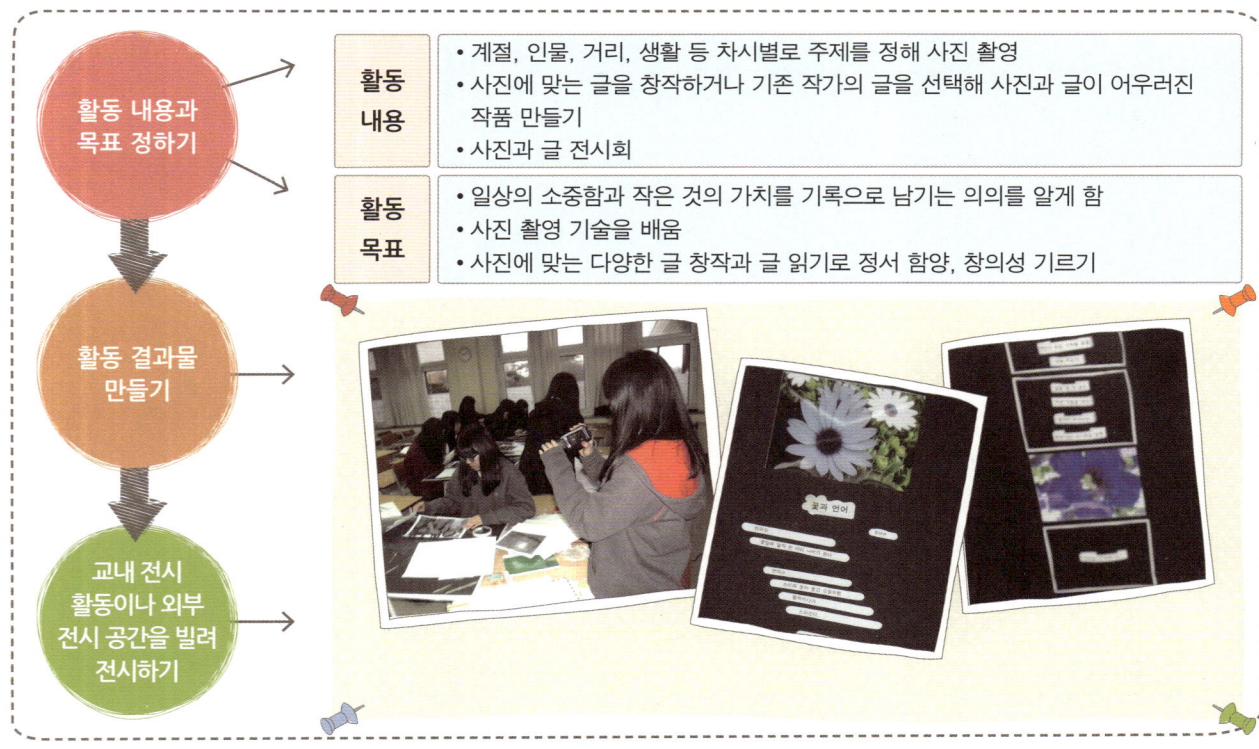

➡ 패션 동아리

활동 내용	• 패션의 역사 학습 • 의상 제작 배우기	• 의상 디자인 배우기 • 헌 옷 리폼, 의상 제작

활동 목표
• 패션의 역사를 학습함으로써 패션 이론의 기초 다지기 • 의상을 디자인하고 제작해 봄으로써 의상 관련 진로 준비

활동 내용과 목표 정하기

활동 결과물 만들기

교내 전시 활동이나 외부 전시 공간을 빌려 전시하기

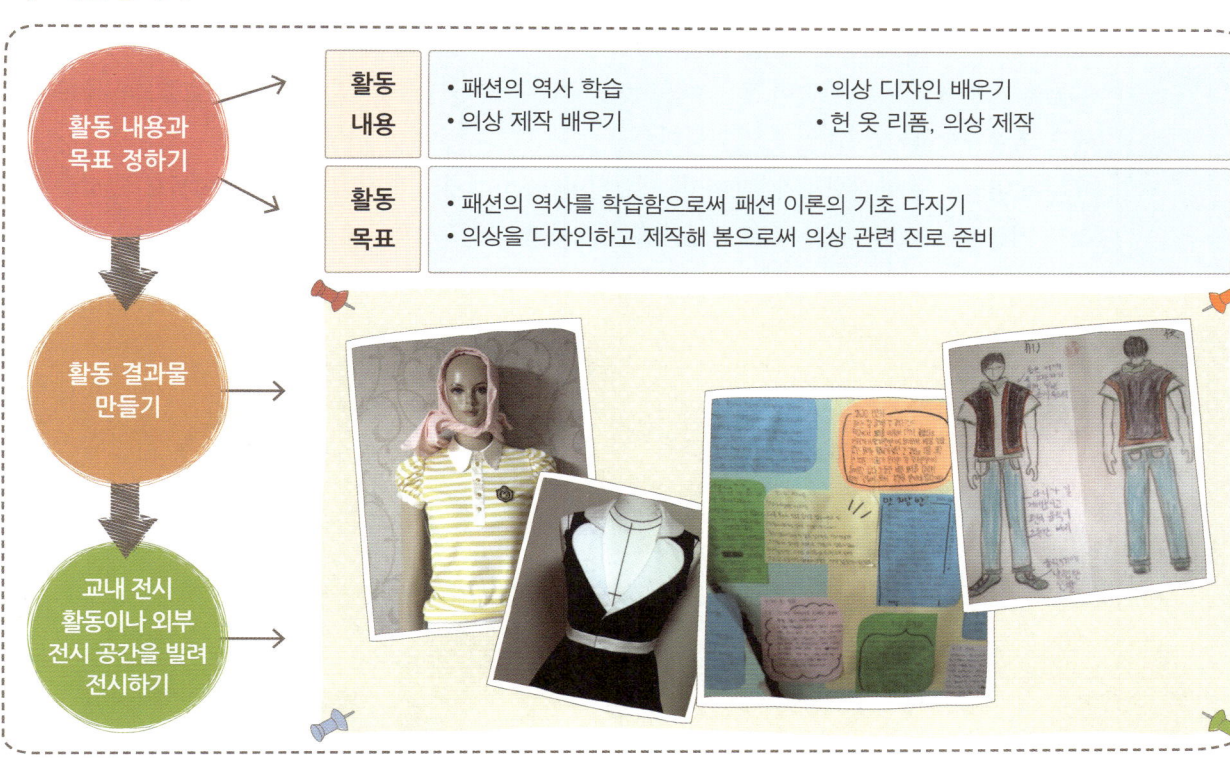

➡ 스카우트 연맹

활동 내용	• 평화 통일 체험 활동 • 세계 잼버리 참여	• 야영 활동 • 청소년 봉사 활동

활동 목표		
• 정서 순화에 많은 도움을 주어 부적응 학생의 일탈 행동 예방 • 민족의식 고취 • 진취적 사고 훈련	• 리더십, 협동심 기르기	

활동 내용과 목표 정하기

활동 결과물 만들기

교내 전시 활동이나 외부 전시 공간을 빌려 전시하기

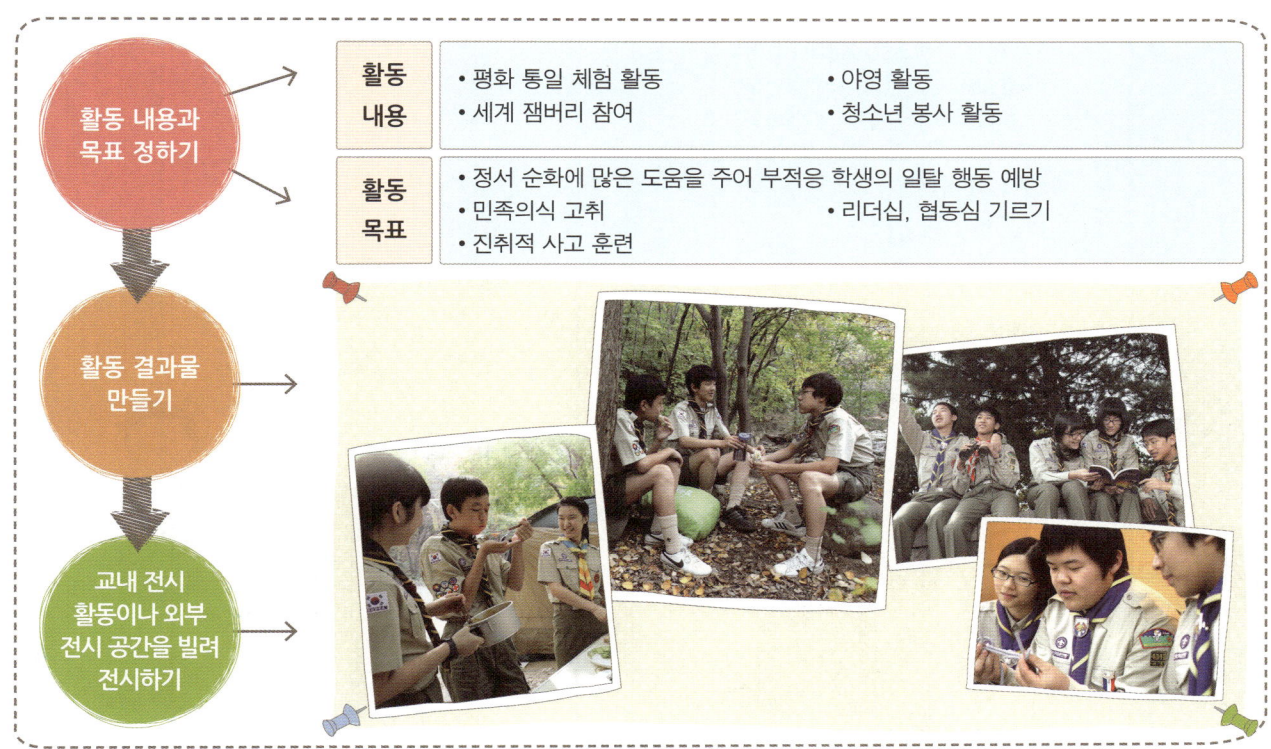

3 동아리 만들기

기존의 동아리에 원하는 동아리가 없거나, '이런 동아리가 있었으면 좋겠다.' 하는 새로운 아이디어가 있다면, 새로 만들어 보는 것도 좋습니다. 동아리를 새로 만들어 활동을 하면, 리더십과 창의성을 기를 수 있습니다. 리더십과 창의성, 자기 주도적 활동을 주요 평가 요소로 보고 있는 입학 사정관들에게 동아리를 만들어 활동한 학생은 당연히 좋은 점수를 받을 수밖에 없겠죠? 물론 취업 시에도 좋은 인상을 줄 수 있을 것입니다.

시작은 비공식 동아리겠지만, 어느 정도 회원이 모이고 자리가 잡힌다면 학교에서도 인정하는 동아리로 거듭날 수 있을 것입니다. 동아리의 목표와 성과에 대한 구체적인 구상과 확신이 있으면 가능한 일입니다.

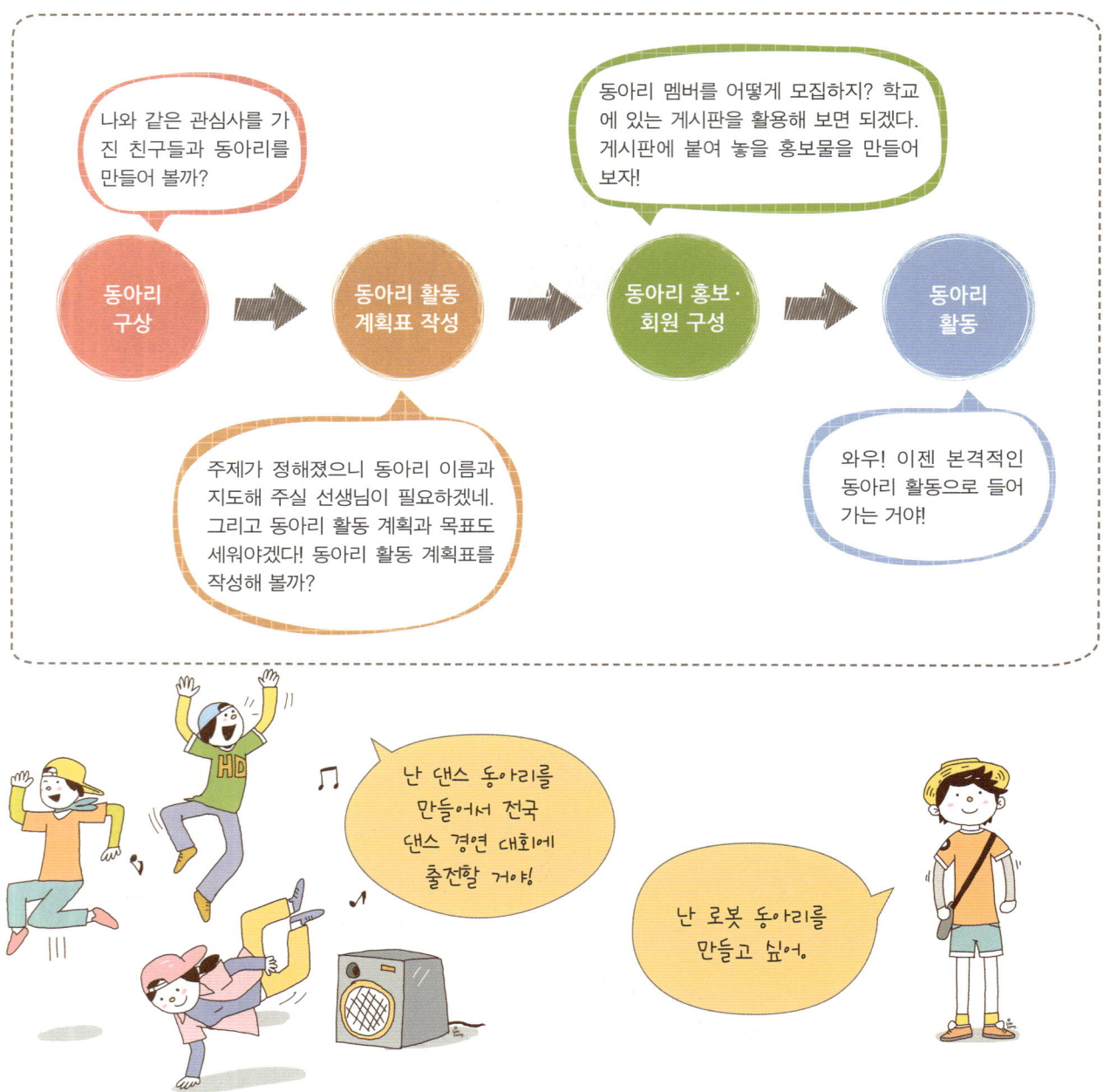

① 동아리 구상

여러분이 만들고 싶은 동아리에 대해 구상해 보세요.

활동지 내가 만들고 싶은 동아리 스케치

동아리명	
동아리 활동 내용	
동아리 목표	
동아리 장소	
동아리 회원 수	
동아리 회원 모집 방법	
동아리 홍보 방법	
기타	

② 동아리 활동 계획표 작성

구상한 동아리 계획표를 작성해 보세요.

활동지 동아리 활동 계획표

동아리명	
지도 교사		대표 학생	
회원 수	명	대표 학생 전화번호	
동아리 소개	

시기	주요 활동	세부 계획

③ 동아리 홍보

동아리 회원 모집 홍보 포스터를 만들어 보세요.

예시 동아리 홍보물

④ 회원 모집·구성

동아리 회원을 모집하기 위한 계획을 세운 뒤 회원 구성을 위한 조직도를 만들어 보세요. 동아리 조직도는 아래의 활동지와 같은 형태로 만들 수 있지만, 동아리 성격에 따라 다르게 만들어 볼 수도 있습니다.

예시 **회원 면접 계획표**

면접 인원	
면접 일시	
면접 장소	
면접 시 질문 내용	

활동지 **동아리 조직도**

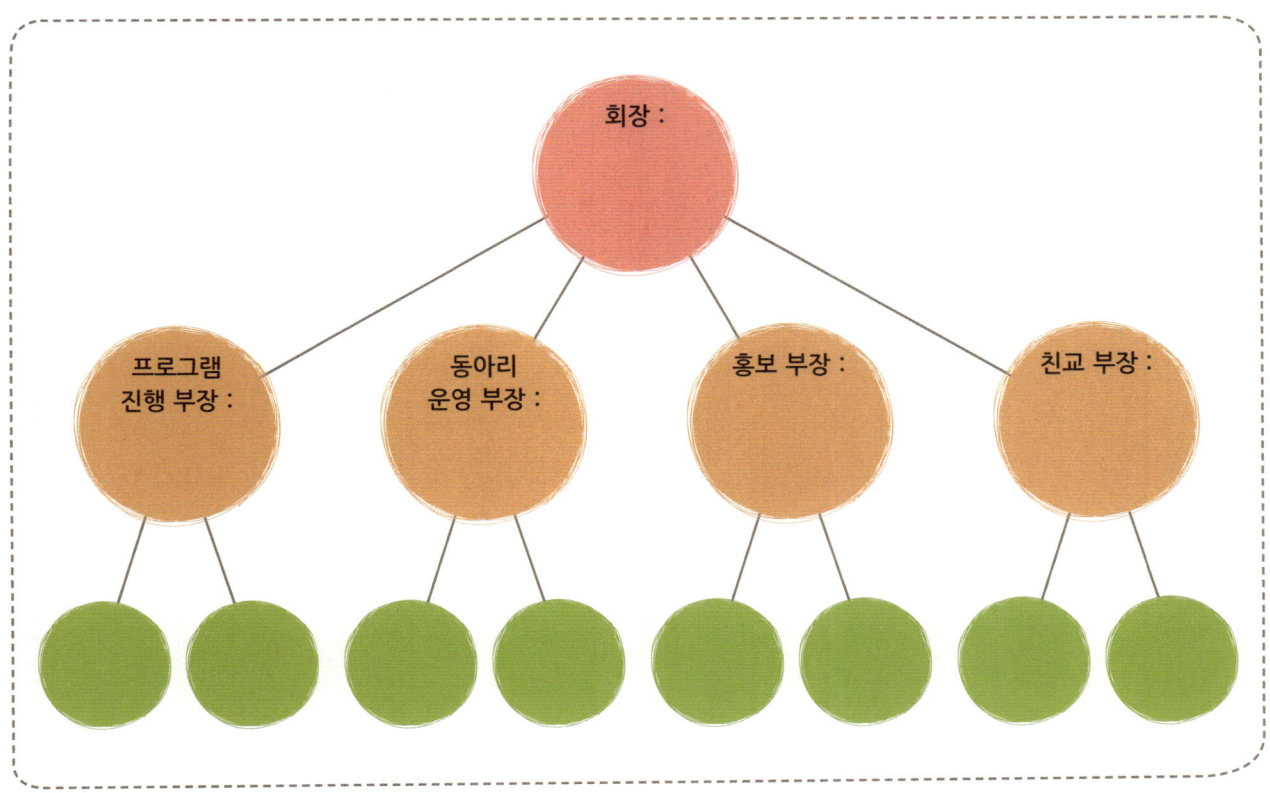

활동지 동아리 회원 기록장

동아리명					
대표		전화번호		H.P.	
부대표		전화번호		H.P.	
지도 교사		전화번호		H.P.	
활동 장소		홈페이지			
목표					

회원	성 명	학년/반	H.P.	성 명	학년/반	H.P.

비 고	

Let's go! 동아리 활동

동아리 활동 에듀팟에 올리기

동아리에서 봉사 활동이나 진로 활동을 연계해 운영했을 경우에는, 중점 활동 영역을 한 군데 선정해 기록하는 것이 좋아요.

1 동아리 활동 작성 방법

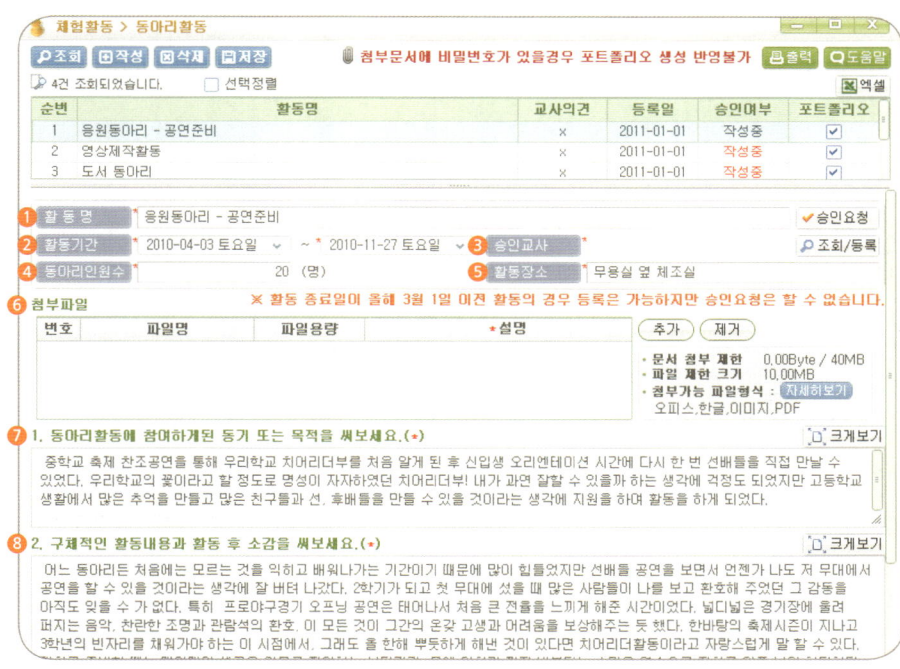

❶ **활동명** : 참여한 동아리 활동명 또는 동아리 행사명을 적습니다.

❷ **활동 기간** : 동아리 활동 기간 전체 또는 동아리의 특정 행사 등의 기간을 기록합니다.

❸ **승인 교사** : 동아리 활동 정보 승인을 위한 선생님을 적습니다.

❹ **동아리 인원 수** : 동아리 전체 인원 수 또는 특정 행사 활동에 참가한 인원 수를 적습니다.

❺ **활동 장소** : 활동한 장소를 구체적으로 적습니다.

❻ **첨부 파일** : 활동 증빙 자료로 행사나 프로그램 계획서, 동아리 운영 계획서, 활동 사진, 동아리 홍보 자료 등을 첨부 파일로 올립니다. 사용 가능한 파일 확장자는 JPG, GIF, HWP, XLS, PPT, PDF이며, 첨부 파일 크기는 10MB 이내이 므로, 파일을 업로드할 때에는 자료를 효율적으로 다양하게 올릴 수 있도록 사진의 용량 등은 줄여서 올리면 좋습니다.

❼ **동아리 활동에 참여하게 된 동기 또는 목적** : 동아리 활동을 시작하게 된 동기나 이유, 목적 등을 구체적으로 적습니다.

❽ **자율 활동 내용과 소감** : 활동 내용을 구체적으로 적습니다. 변화 과정이나 활동의 흐름이 보이게 적고, 활동 후 자신 의 변화된 모습이나 앞으로의 계획 등을 적습니다.

❷ 동아리 활동 작성하기

예시 1 경제 동아리

활동명 : 경제 연합 동아리 '애널리스트'

활동 기간 : 201X.03.08~201X.11.19	**승인 교사 :** 조유현 선생님
동아리 인원 수 : 20명	**활동 장소 :** 00도서관

1. 동아리 활동에 참여하게 된 동기 또는 목적을 써 보세요.

활동을 하게 된 동기

• 『왜 세계의 절반은 굶주리는가』(장 지글러)라는 책을 읽었다.
• 이 책을 보며 가난한 나라에 도움을 주는 경제 전문가가 되고 싶어졌다.
• 진로와 관련하여 고민이 많았는데, 경제에 관심을 가지게 되어 이 분야의 정보를 탐색해 보았다.
• 투자 분석가라는 직업을 알게 되었고, 경제 동아리 '애널리스트'를 발견하였다.

활동을 통해 기대한 점 또는 활동 목적

• 내가 관심 있는 경제 분야에 대해 미리 학습을 하고 그 분야의 활동을 해 보면 앞으로 대학에 진학하여 전공 분야를 공부할 때 많은 도움이 될 것 같았다.

위에 작성한 내용을 바탕으로 자연스럽게 글을 완성해 보세요.

　권장 도서 목록에 있는 『왜 세계의 절반은 굶주리는가』(장 지글러)라는 책을 읽었다. 이 책은 경제적으로 자립이 어려운 낙후 국가의 상황을 잘 나타내 주고 있으며, 지구상에 매우 낙후된 나라가 많이 존재하고 있음을 알게 해 주었다. 이 책을 보면서 그런 가난한 나라에 도움을 줄 수 있는 경제 전문가가 되고 싶어졌다. 요즘 진로와 관련하여 고민이 많았던 차에 경제에 관심을 가지게 되어, 이 분야의 정보를 탐색해 보았다. 그래서 투자 분석가(애널리스트)라는 직업을 알게 되었고, 투자 분석가가 되어 국제 정세를 파악하고 정확한 분석력을 가진 글로벌 경제인이 되어 낙후 국가에 희망을 주는 사람이 되어야겠다는 다짐을 했다.

　그러던 중 인터넷에서 경제 정보를 검색하다 경제 동아리 '애널리스트'를 발견했다.

　이 동아리는 연합 동아리로서 경제에 관심 있는 여러 고등학교의 학생들이 한 달에 한 번씩 모여서 경제 관련 토론과 학습을 하는 동아리다. 내가 관심 있는 경제 분야에 대해 미리 학습을 하고 그 분야의 활동을 해 보면 앞으로 대학에 진학하여 전공 분야 학습을 할 때 많은 도움이 될 것 같았다.

2. 구체적인 활동 내용과 활동 후 소감을 써 보세요.

활동 내용

- 가상의 경제적 사건을 설정한 뒤 정보를 탐색하고 꼼꼼히 따져 보는 연습을 했다.
- 동아리 친구들과 도덕적 딜레마의 상황을 가정해 놓고 무엇이 도덕성 원리에 합당한지에 대해 토론해 보았다.
- 금융 및 투자 자문을 제공하기 위해 정보를 수집·분석했다.
- 가상으로 주가 전망을 해 보고 이에 따른 결과를 친구들 앞에서 프레젠테이션했다.

새롭게 배우게 된 내용

- 애널리스트는 정보에 대한 논리적 분석력, 상황에 대한 판단력, 업무에 대한 집중력을 필요로 하는 직업이다.
- 애널리스트는 증권 관련 수치 자료를 신속하고 정확하게 계산할 수 있는 수리 능력과 통계학적 분석력이 필요하다.

활동을 통해 깨달은 점 또는 변화된 점

- 직업인으로서 도덕성을 갖추는 것이 중요함을 알게 됐다.
- 꼼꼼하지 못하고 덜렁대는 내 생활 습관에 많은 변화를 가져왔다.
- 앞으로 경제 동아리를 통해 더 많은 지식을 쌓을 계획이다.

위에 작성한 내용을 바탕으로 자연스럽게 완성해 보세요.

애널리스트는 정보에 대한 논리적 분석력, 상황에 대한 판단력, 업무에 대한 집중력을 필요로 하는 직업이다. 또한, 증권 관련 수치 자료를 신속하고 정확하게 계산할 수 있는 수리 능력과 통계학적 분석력도 요구된다.

이러한 능력을 키우기 위해 가상의 경제적 사건을 설정하고 이에 대해 정보를 탐색하고 꼼꼼히 따져 보는 연습을 해 보았다. 이러한 활동은 평소 꼼꼼하지 못하고 덜렁대는 내 생활 습관에 변화를 주었다.

또한, 애널리스트에게 필요한 도덕성을 갖추기 위해서 같은 동아리 친구들과 도덕적 딜레마의 상황을 가정해 놓고 무엇이 도덕성 원리에 합당한지에 대해 열띤 토론도 해 보았다. 이 활동을 하기 전에는 애널리스트와 도덕성이 어떤 연관이 있는지 알지 못했으나, 이 활동을 통해 도덕성이 직업 생활을 하는 데 있어 매우 중요한 요소라는 점을 알게 되었다.

여러 가지 동아리 활동 중 가장 기억에 남는 것은 가상으로 설정한 기업의 현재 동향을 파악하고, 고객들에게 금융 및 투자 자문을 제공하기 위해 정보를 수집하고 분석했던 일이다. 가상으로 주가 전망을 해 보고, 이에 따른 결과를 프레젠테이션했을 때는 마치 내가 실제로 애널리스트가 된 기분이었다.

앞으로 경제 동아리를 통해 통계적인 의사 결정에 따르는 활동, 조직체의 구조와 원리, 인간의 경제 활동에 기초를 둔 사회적 질서 등에 대해 더 공부할 계획이다. 이러한 동아리 활동을 통해 나의 진로 목표에 한 걸음 다가갈 수 있을 것 같다.

예시 2 연극 동아리

활동명 : 연극 동아리	
활동 기간 : 201X.03.08~201X.11.19	**승인 교사 :** 조유현 선생님
동아리 인원 수 : 17명	**활동 장소 :** 교내 동아리 교실

1. 동아리 활동에 참여하게 된 동기 또는 목적을 써 보세요.

활동을 하게 된 동기

- 자신감이 부족하고 앞에서 발표하는 것을 매우 두려워한다.
- 발표할 일이 생기면 너무 긴장하여 심지어 배까지 아파지는 발표 공포증을 고치고 싶었다.
- 평소에 연극 동아리 선배들의 자신감과 활기가 부러웠다.
- 나의 내성적인 성향을 고쳐 보고자 큰맘을 먹고 연극 동아리에 들어가기로 결심했다.

활동을 통해 기대한 점 또는 활동 목적

- 연극 동아리를 통해 남 앞에서 당당히 말하고 발표할 수 있는 자신감이 생길 것이다.
- 매사에 소극적인 성격이 좀 더 적극적으로 변화할 것이다.

위에 작성한 내용을 바탕으로 자연스럽게 글을 완성해 보세요.

　나는 자신감이 부족하고 발표하는 것을 매우 두려워하는 학생이다. 발표할 일이 생기면 너무 긴장하여 심지어 배까지 아파지는 발표 공포증을 지니고 있었다. 이러한 나의 단점을 고쳐 보고 싶었는데, 그동안 마땅한 기회를 발견하지 못하고 있었다.

　이런 마음의 부담감을 가지고 고등학교에 입학했는데, 학기 초에 선배들이 나와서 동아리를 홍보하는 시간이 있었다. 여러 동아리의 홍보 중에서 특히, 연극 동아리 선배들은 자신감이 넘쳐 보였고, 그들에게서 활기와 패기가 느껴졌다.

　나는 그 선배들이 풀리지 않던 숙제를 해결해 줄 것만 같은 느낌이 들어, 나의 내성적인 성향을 고쳐 보고자 큰맘을 먹고 연극 동아리에 들어가기로 결심을 했다.

　연극 동아리를 통해 나도 남 앞에서 당당히 말할 수 있는 자신감을 갖게 되길 기대하며 연극 동아리 생활을 설렘 반 두려움 반으로 시작했다.

2. 구체적인 활동 내용과 활동 후 소감을 써 보세요.

활동 내용

• 발성 연습 및 복식 호흡을 연습했다.
• 학술제 때 영화 〈죽은 시인의 사회〉를 각색해서 만든 연극을 공연했다.

새롭게 배우게 된 내용

• 복식 호흡을 이용한 발성법이 습관이 되지 않아 어려웠고, 지적도 많이 받았는데, 시간이 지나면서 복식 호흡을 이용하여 말을 할 수 있었다.
• 복식 호흡을 이용한 발성법은 내가 앞에서 발표를 할 수 있는 첫 번째 도구이자 무기가 되었다.

활동을 통해 깨달은 점 또는 변화된 점

• 연극 동아리 활동은 기대했던 것보다 훨씬 재미있었고 다양한 경험을 했다.
• 아마 연극반을 하지 않았다면 지금의 변화된 나를 기대할 수 없었을 것이다.
• 지금은 당당히 남 앞에서 발표를 할 수 있게 되었다.
• 앞으로 어떤 일을 해도 자신감 있게 다가설 수 있을 것 같다.
• 동아리 활동을 통해 좀 더 적극적이고 활동적인 사람으로 변해 갔으며, 새로운 것에 도전한다는 것이 얼마나 값진 일인가를 다시 한번 깨달았다.

위에 작성한 내용을 바탕으로 자연스럽게 완성해 보세요.

연극 동아리 활동은 기대했던 것보다 훨씬 재미있었고, 다양한 경험을 하게 해 주었다. 아마 연극 반을 하지 않았다면 변화된 지금의 나를 기대할 수 없었을 것이다. 내성적인 성향과 다른 사람 앞에서 발표하는 것을 두려워했던 내가 지금은 당당히 남 앞에서 발표를 할 수 있는 것도 연극반 활동 때문이다.

연극반 활동에서 기억에 남는 것은 가장 힘들었던 발성 연습이었다. 복식 호흡을 이용한 발성법이 습관이 되지 않아 어려웠고 지적도 많이 받았다. 그래서 혼자 운동장에 나가 연습도 많이 했다. 시간이 지나니 점점 복식 호흡을 이용하여 말을 할 수 있게 되었고, 이것은 내가 여러 사람 앞에서 발표를 할 수 있는 첫 번째 도구이자 무기가 되었다.

이런 연습을 통해 지난 학술제 때 영화 〈죽은 시인의 사회〉를 각색해서 만든 연극을 공연했다. 나의 역할은 그리 비중 있는 역은 아니었지만, 우리의 연극이 돋보일 수 있도록 최선을 다했다. 이런 활동을 통해 점점 변화되고 있는 나 자신을 발견했고, 자신감도 생겼다. 이런 나의 노력이 돋보였는지 명품 조연상을 받는 영광을 누리기도 했다.

나는 이러한 동아리 활동을 통해 좀 더 적극적이고 활동적인 사람으로 변화했으며, 새로운 것에 도전한다는 것이 얼마나 값진 일인가를 다시 한번 깨달았다.

발표뿐 아니라 앞으로 어떤 일을 해도 자신감 있게 다가설 수 있을 것 같다.

예시 3 청소년적십자(RCY)

활동명 : 청소년적십자 '남북 청소년 친선 활동'	
활동 기간 : 201X.04.05～201X.04.07	승인 교사 : 김연미 선생님
동아리 인원 수 : 100명	활동 장소 : 금강산

1. 동아리 활동에 참여하게 된 동기 또는 목적을 써 보세요.

활동을 하게 된 동기

• 나의 롤 모델인 한비야 씨의 책 『지도 밖으로 행군하라』를 읽고 국제 긴급 구호 요원이라는 직업을 알게 되었다.
• 대학생이 되면 아프가니스탄, 잠비아, 이라크, 네팔과 같이 도움의 손길이 필요한 곳에 가서 긴급 구호 요원으로 봉사 활동을 하겠다고 결심했다.
• 국제 긴급 구호 요원으로서 적절한 능력을 갖추기 위해 응급 처치, 심폐 소생, 가정 보건, 노인 간호와 같은 보건 교육을 배우고 싶었다.

활동을 통해 기대한 점 또는 활동 목적

• 청소년적십자(RCY)에서는 직접 체험의 기회를 통해 국제 긴급 구호 요원으로서 필요한 능력을 키워 줄 것이다.
• 지구촌 안에 함께 살고 있는 다른 나라 청소년들과 그 나라의 문화와 풍속을 이해할 수 있는 국제 캠프나 국제 회의에 참가할 수 있다.
• 국제 구호 운동에 참여할 수 있다.
• 남북 청소년 문화 교류 및 친선 활동에도 참여할 수 있다.

위에 작성한 내용을 바탕으로 자연스럽게 글을 완성해 보세요.

    내가 평소에 좋아하고 존경하는 인물 중 한 분인 한비야 씨의 책 『지도 밖으로 행군하라』를 읽고 국제 긴급 구호 요원이라는 직업을 알게 되었다.
    국제 긴급 구호 요원은 전쟁이나 기근, 전염병 때문에 어려움을 겪고 있는 나라에 가서 일 또는 봉사 활동을 하는 사람을 말한다. 이 책을 통해 나도 대학생이 되면 아프가니스탄, 잠비아, 이라크, 네팔과 같이 도움의 손길이 필요한 곳에 가서 긴급 구호 요원으로 봉사 활동을 해야겠다는 결심을 했다. 그러기 위해서는 내가 이 분야에 대한 지식과 적절한 능력을 갖추어야 한다는 생각이 들었다. 그래서 필요한 능력 중 대표적인 응급 처치, 심폐 소생, 가정 보건, 노인 간호와 같은 보건 교육을 배우고 싶었다.
    청소년적십자(RCY)는 직접 체험을 통해 긴급 구조에 필요한 적절한 능력을 키워 줄 단체로 잘 알려져 있어서 청소년적십자 단체에 가입했다. 청소년적십자를 통해 긴급 구호 요원으로서 필요한 능력뿐 아니라 지구촌 안에 함께 살고 있는 다른 나라의 문화와 풍속을 이해할 수 있는 국제 캠프나 국제 회의에 참가할 수 있으며, 국제 구호 운동 등에 참가할 수 있다고 하여 기대가 된다.

2. 구체적인 활동 내용과 활동 후 소감을 써 보세요.

활동 내용

• 남북한 청소년들이 함께 금강산에서 묘목을 심는 나무 심기 행사 활동에 참가했다.
• 북한 청소년들과 금강산 산행을 했다.

새롭게 배우게 된 내용

• 다양한 이야기를 통해 북한 청소년들의 주된 관심사를 알 수 있었다.
• 그들도 우리처럼 학업에 관심이 많았고, 학업 스트레스도 많음을 알 수 있었다.
• 학교 및 가정 생활 등에 대한 서로의 궁금한 점을 알 수 있었다.

활동을 통해 깨달은 점 또는 변화된 점

• 나무 심기 행사가 끝나자 북한 청소년들과 스스럼없이 가까워졌다.
• 우정의 나무 심기 활동을 통해 평화 통일을 앞당길 수 있다는 확신을 갖게 되었다.
• 묘목들이 자라나 남북 간의 우정과 평화의 상징이 되어 '평화 통일'로 나아가는 데 크게 기여할 것임을 확신할 수 있었다.
• 앞으로도 많은 행사에 참여하여 국제 긴급 구호 요원으로서의 자질을 키워 나가고 싶다.

위에 작성한 내용을 바탕으로 자연스럽게 완성해 보세요.

청소년적십자 동아리를 시작한 지 얼마 안 되어 처음 참가한 행사는 남북한 청소년들이 금강산에서 묘목을 심는 나무 심기 행사이다. 이 행사는 북한의 청소년적십자 단원들과 함께 우정과 친선을 나누는 행사로 진행되었다. 나무 심기가 끝난 후에는 북한 청소년들과 금강산 산행을 했다. 산행을 하는 도중에 북한 청소년들과 준비한 간식을 서로 나누어 먹으며 다양한 이야기를 나누었다. 그들도 우리처럼 학업에 관심이 많았고, 학업 스트레스도 많음을 알게 되었고, 그 밖에도 학교와 가정 생활 등에 대한 서로의 궁금한 점에 대해 자연스럽게 대화를 나눴다.

처음에는 서먹서먹해했으나, 잠시의 탐색전이 끝나자 여기저기서 웃음보따리가 풀리며 마음의 벽을 허물게 되었다. 그리고 2시간 정도의 나무 심기가 끝나자 북한 청소년들과 더 친근하고 스스럼없이 가까워졌고, 서로 이해하고 우애를 도모하는 기회를 가질 수 있었다.

남과 북의 친구들이 함께 심은 묘목들이 자라나 남북 간의 우정과 평화의 상징이 되어 '민족 통일'로 한 걸음씩 나아가는 데 크게 기여할 것임을 확신할 수 있는 시간이었다. 앞으로도 많은 행사에 참여하여 국제 긴급 구호 요원으로서의 자질을 키워 나가고 싶다.

개요 작성

1. 동아리 활동에 참여하게 된 동기 또는 목적을 써 보세요.

활동을 하게 된 동기

활동을 통해 기대한 점 또는 활동 목적

↓

위에 작성한 내용을 바탕으로 자연스럽게 글을 완성해 보세요.

2. 구체적인 활동 내용과 활동 후 소감을 써 보세요.

활동 내용

새롭게 배우게 된 내용

활동을 통해 깨달은 점 또는 변화된 점

위에 작성한 내용을 바탕으로 자연스럽게 글을 완성해 보세요.

활동명 :

활동 기간 :

승인 교사 :

동아리 인원 수 :

활동 장소 :

1. 동아리 활동에 참여하게 된 동기 또는 목적을 써 보세요.

2. 구체적인 활동 내용과 활동 후 소감을 써 보세요.

에듀팟 기록 2

활동명 :

활동 기간 :   승인 교사 :

동아리 인원 수 :   활동 장소 :

1. 동아리 활동에 참여하게 된 동기 또는 목적을 써 보세요.

2. 구체적인 활동 내용과 활동 후 소감을 써 보세요.

활동명 :

활동 기간 :　　　　　　　　　　　　　　　　승인 교사 :

동아리 인원 수 :　　　　　　　　　　　　　　활동 장소 :

1. 동아리 활동에 참여하게 된 동기 또는 목적을 써 보세요.

2. 구체적인 활동 내용과 활동 후 소감을 써 보세요.

활동명 :

활동 기간 :	승인 교사 :
동아리 인원 수 :	활동 장소 :

1. 동아리 활동에 참여하게 된 동기 또는 목적을 써 보세요.

2. 구체적인 활동 내용과 활동 후 소감을 써 보세요.

나의 동아리 활동

활동명 :

활동 기간 :   승인 교사 :

동아리 인원 수 :   활동 장소 :

나의 동아리 활동 보고서를 형식에 얽매이이지 말고 자유롭게 구성해 볼까요?
그림을 그리거나 자료 사진을 붙여 멋진 포트폴리오를 만들어 보세요.

3 동아리 활동 자기소개서에 작성하기

대학에 따라 자기소개서 질문의 유형이 조금씩 다르지만 보통 동아리 활동이 자신의 성장 과정에 영향을 끼친 점, 동아리 활동과 진로와의 연관성, 동아리 활동을 통한 리더십 향상에 대한 질문이 자주 등장합니다.

동아리 활동 내용을 위주로 쓴 자기소개서 예시를 읽어 보고, 자신의 자기소개서에 쓰고 싶은 동아리 활동이 있다면, 작성 연습을 해 보세요.

예시 1 경제 동아리 활동 – 리더십을 보여 주는 동아리 활동 사례

뉴스와 신문을 보면 경제 관련 분야에 대한 자료가 매우 많습니다. 제가 경제에 관심을 갖게 된 계기도 아버지께서 구독하시는 경제 관련 잡지의 영향이 컸습니다. 그런데 경제 신문이나 경제 잡지를 볼 때마다 어려운 경제 용어 때문에 내용을 제대로 이해하기가 힘들었습니다.

그래서 경제학에 관한 스터디를 하고 싶었는데 혼자 하는 것보다는 동아리를 만들어 친구들과 함께 하고 싶었습니다. 그래서 저와 몇몇 친구들과 함께 우리 학교 경제 동아리를 만들었습니다.

우리 동아리는 일주일에 한 번씩 자신이 맡은 주제에 관해 자료를 조사해 와 이를 함께 학습하는 시간을 가졌습니다. 저는 동아리 대표로 활동하면서 동아리 구성원들 간의 소통을 중요시하였고, 그 결과 원활한 소통을 통해 효율적으로 동아리를 운영할 수 있었습니다. 이러한 저의 동아리 운영은 장차 글로벌 마케팅 분야에서 일하고 싶은 저에게 관리 능력 및 리더십 등을 길러 주었다는 점에서 가치 있는 활동이었다고 생각합니다.

예시 2 방송반 활동 – 진로와 연관된 동아리 활동 사례

저는 방송 프로듀서가 되고 싶어 고등학교 생활 3년 동안 열정과 관심을 가지고 방송반 활동을 하였습니다. 아침 방송 준비 때문에 다른 친구들보다 등교 시간이 30분이나 빨랐지만 방송반에 대한 열정으로 항상 그 시간을 지킬 수 있었습니다.

기억에 남는 활동은 청소년 영화제에 다큐멘터리를 출품하기 위해 영상 제작에 참여한 일입니다. 원고 작성, 촬영, 편집 등의 다양한 활동을 하며 하나의 프로그램은 수많은 사람들의 손을 거쳐 만들어지고 다듬어지는 것임을 알 수 있었습니다. 특히, 다큐멘터리 제작 활동을 할 때, 촬영한 내용을 편집하는 일이 생각보다 시간도 오래 걸리고 어려웠습니다. 그렇지만 이러한 어려운 활동을 통해 영상을 편집할 수 있는 능력이 생겼습니다. 이렇게 만들어진 다큐멘터리를 청소년 영화제에 출품했고, 1등은 아니었지만 수상하는 영광도 누렸습니다.

방송반 활동 경험으로 제 꿈인 방송 프로듀서가 되는 데 필요한 능력이 무엇인지 구체적으로 알게 되어, 제 진로를 준비하는 데 많은 도움을 받았습니다.

작성 연습 1 자기소개서에 기록할 동아리 활동 내용을 작성해 보세요.

작성 연습 2 자기소개서에 기록할 동아리 활동 내용을 작성해 보세요.

Ⅳ

Let's go!

봉사활동

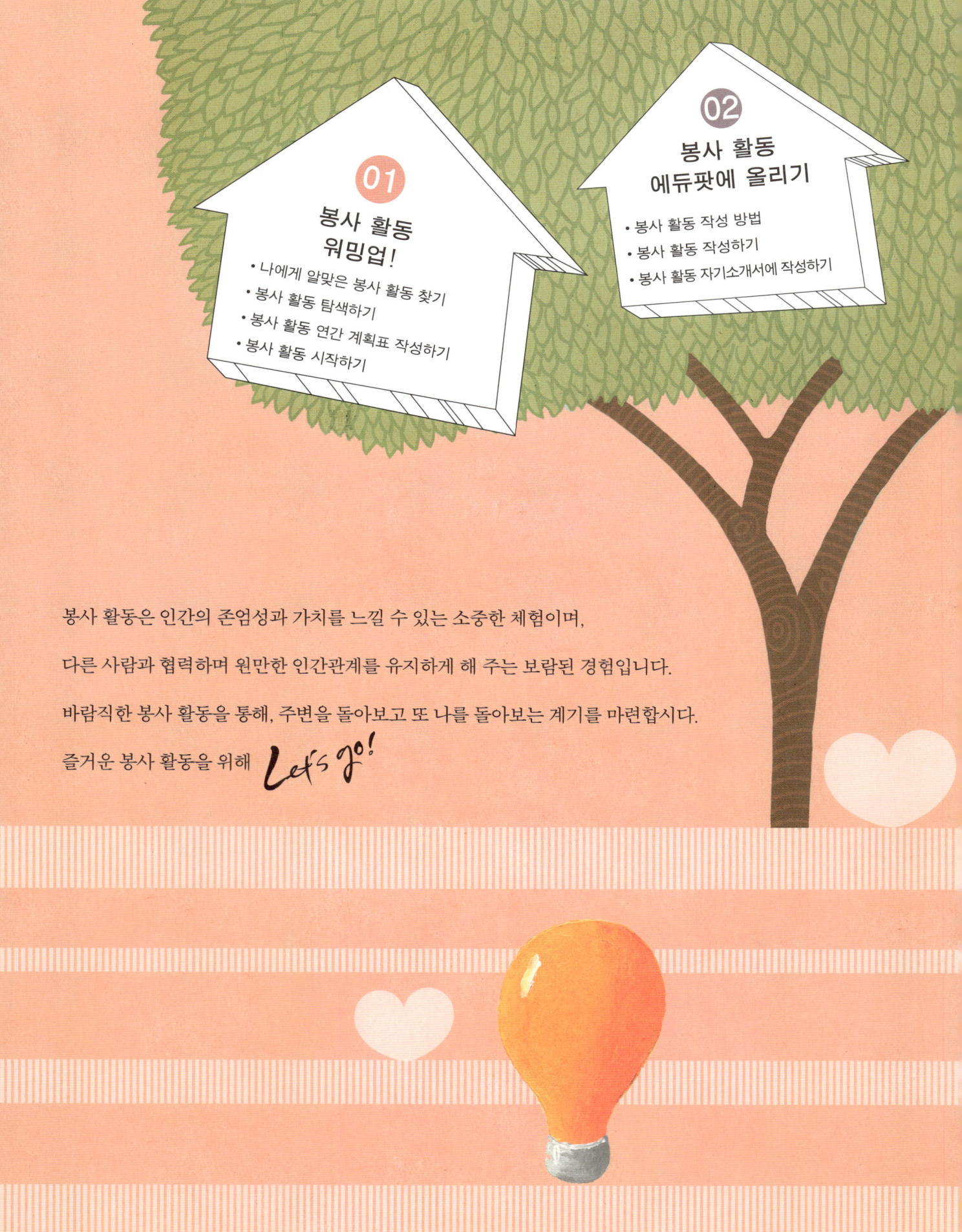

01

봉사 활동
워밍업!

- 나에게 알맞은 봉사 활동 찾기
- 봉사 활동 탐색하기
- 봉사 활동 연간 계획표 작성하기
- 봉사 활동 시작하기

02

봉사 활동
에듀팟에 올리기

- 봉사 활동 작성 방법
- 봉사 활동 작성하기
- 봉사 활동 자기소개서에 작성하기

봉사 활동은 인간의 존엄성과 가치를 느낄 수 있는 소중한 체험이며,

다른 사람과 협력하며 원만한 인간관계를 유지하게 해 주는 보람된 경험입니다.

바람직한 봉사 활동을 통해, 주변을 돌아보고 또 나를 돌아보는 계기를 마련합시다.

즐거운 봉사 활동을 위해 *Let's go!*

나의 봉사 활동 이력

학 년	활동 기관	활동 내용	활동 날짜 · 시간	에듀팟 기록 여부
1				
2				
3				

Let's go! 봉사 활동

봉사 활동 워밍업!

봉사 활동 선택과 계획

봉사 활동이란 어떤 대가를 바라지 않고 도움이 필요한 사람에게 도움을 주는 활동입니다. 봉사 활동을 통해 우리는 타인을 배려하는 너그러운 마음과 더불어 사는 공동체 의식을 가질 수 있습니다. 이와 함께 지역 사회의 일들에 관심을 가지고 참여함으로써 사회적 역할과 책임을 분담하고, 지역 발전에 이바지하는 태도도 기를 수 있습니다.

보통 청소년들이 봉사 활동을 할 때, 봉사 시간 수를 채우기 위해 수동적으로 활동하는 경우가 많은데, 대학 입학사정관 전형에서 입학사정관들이 봉사 활동을 평가할 때 중점을 두는 요소는, 자신의 가치관이나 진로와 연계된 봉사 활동을 자발적으로 참여해, 지속적으로 활동했느냐 하는 것입니다.

그렇다면 어떻게 해야 바람직한 봉사 활동을 할 수 있을까요? 자신의 진로와 연관된 봉사 활동, 나눔과 배려를 실천하는 봉사 활동을 잘 선택하고, 계획을 세워 꾸준히 활동해야 할 것입니다.

1 나에게 알맞은 봉사 활동 찾기

어떤 봉사 활동을 하면 좋을까요? 먼저 봉사 활동에는 어떤 것들이 있는지 살펴보고, 나의 정신적·신체적 자원을 활용하여 지속적으로 할 수 있는 활동을 선택해 아래 칸에 적어 보세요.

활동지 내가 하고 싶은 봉사 활동

활동 구분	활동 내용
교내 봉사 활동	학습 부진 친구 돕기, 장애인 친구 도우미 활동, 다문화 가정 친구 돕기, 몸이 불편한 친구 돕기, 교통 안전 도우미, 학교 환경 정화 활동, 축제 관련 도우미 활동, 도서부 활동, 방송부 활동(*도서부와 방송부 동아리 활동은 봉사 활동으로 인정하는 학교가 많습니다.) 등
지역 사회 봉사 활동	복지 시설, 공공 시설, 병원, 농어촌 등에서의 일손 돕기, 불우 이웃 돕기, 고아원 방문(아이들과 놀아 주기, 학습 지도 등), 양로원 방문(어르신 말벗, 청소, 식사 도우미 등), 군 부대에서의 위문 활동, 재해 구호, 난민 구호 등
자연환경 보호 활동	깨끗한 환경 만들기, 자연 보호, 식목 활동, 저탄소 생활 습관화, 지역 사회 환경 정화 활동, 공공 시설물, 문화재 보호 등
캠페인 활동	공공 질서 캠페인, 교통 안전 캠페인, 학교 주변 정화, 환경 보전 활동, 헌혈, 각종 편견 극복 캠페인, 선도부 활동 등

활동지 내가 하고 싶은 학술 동아리 활동

활동 구분	활동 내용	선택한 이유	활동 장소
1순위:			
2순위:			

② 봉사 활동 탐색하기

주말을 이용해 봉사 활동을 하고 싶은데 어디로 가면 좋을까요? 봉사 활동 주제와 장소를 결정하지 못했다면 창의·인성 교육넷(www.crezone.net)에서 정보를 얻을 수 있습니다. 함께 검색해 볼까요?

지역별, 내용 영역별(과학 기술, 인문 사회, 예체능, 융합, 기타), 자원 유형별(전시 공연 시설, 행정 의료 복지 시설, 연구 시설, 체험 시설, 자연, 단체 및 전문가, 문화재, 기업·산업체, 기타), 주제별(민주 시민 교육, 예술 교육, 녹색 성장 교육, 진로 체험 교육, 과학 기술 교육)로 검색해 볼 수 있습니다.

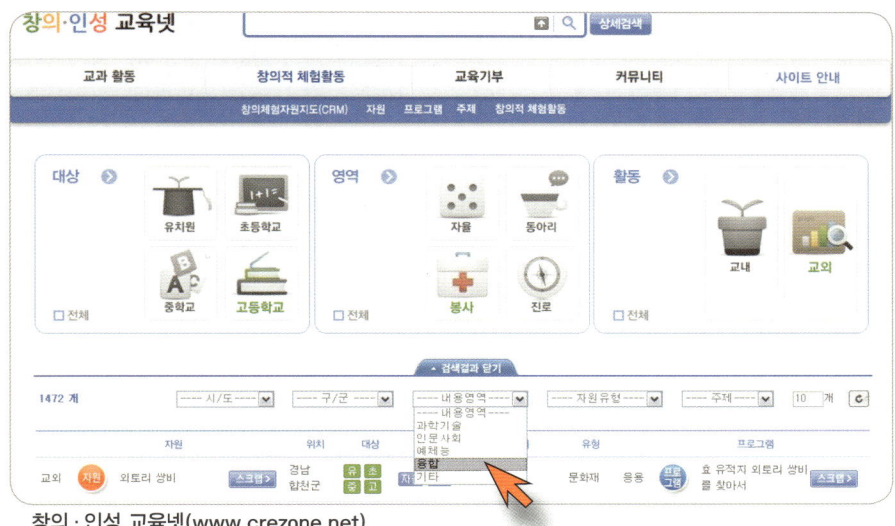

주제별 봉사 활동 기관을 「부록」에서 살펴볼 수 있어요.
☞ 123쪽

창의·인성 교육넷(www.crezone.net)

그 밖의 봉사 활동 정보 사이트

• **서울특별시교육청 학생봉사활동(bongsa.sen.go.kr)**
서울시에 위치하고 있는 봉사 활동 기관을 찾을 수 있으며, 개인, 가족, 동아리, 단체가 할 수 있는 다양한 형태의 봉사 활동을 소개하고 있습니다.

• **한국청소년상담원(www.kyci.or.kr)**
도움이 필요한 아동과 청소년에게 상담으로서 도움을 주고 있는 기관으로, '솔리언또래상담' 프로그램에 참여하여, 어려움을 호소하는 또래 친구를 지지하고 지원할 수 있습니다.

• **청소년자원봉사(www.dovol.net)**
전국 5,700여 개 기관을 검색할 수 있으며 집이나 학교와 가까운 봉사 활동 기관을 쉽게 찾을 수 있습니다.

강원도

- 산내랑마을 • 백석봉 • 속초시 금강장애인주간보호소
- 태백종합실버복지타운 • 태백장애인종합복지관
- 태백청소년수련관 • 태백자원봉사센터 • 방동약수
- 태백지속가능발전협의회 • 실버홈노인요양원

경기도

- 이천부발청소년문화의집 • 삼육재활원
- 자원회수시설(구리타워) • 여주군노인복지관
- 주라장애인쉼터 • 송천한마음의집 • 한나의집
- 호세아동산 • 송산노인복지회관 • 의정부노인복지회관
- 굿네이버스 • 원종종합사회복지관
- 부천시장애인종합복지관 • 의정부시장애인종합복지관

경상남도

- 밀양시종합사회복지관 • 무학산둘레길
- 진해시자원봉사센터 • 창원시생활폐기물소각장
- 성산종합사회복지관 • 원폭피해자복지회관
- 창녕군장애인종합복지관 • 람사르생태공원

경상북도

- 운문산자연휴양림 • 성모자애원 • 기쁨의집 • 포항시립포은도서관 • 포항위덕어르신마을
- 대창양로원 • 경북작은자의집 • 문경시장애인복지관 • 왜가리서식지 • 경북청소년지원센터
- 나눔공동체 • 성바오로안나의집 • 성누가요양원 • 노인요양시설 인효마을
- 청도군 자원봉사센터 • 오차드요양병원 • 울진군노인요양원

광주광역시

- 광산구장애인복지관 • 광산구자원봉사센터 • 환경보전시민연대 • 푸른광주21협의회 • 영산강유역환경청
- 금호종합사회복지관 • 광주광역시장애인종합복지관 • 양지종합사회복지관 • 서구노인종합복지관 • 광주점자도서관
- 청풍쉼터 • 무등산 • 빛고을종합사회복지관

대구광역시

- 도동서원 • 등촌유원지 • 망우당공원 • 국채보상운동기념공원 • 대구신천하수처리장 • 대구장애인복지관
- 대구광역시노인종합복지관 • 대구서구청 • 애망장애영아원 • 가창정수사업소 • 대구신천하수사업소
- 제일종합사회복지관 • 상록뇌성마비복지관 • 대구월암동달암재 • 굿실버노인복지센터 • 달서구노인종합복지관
- 영락양로원 • 대구광역시립남부도서관 • 달서구청소년수련관 • 노인보호전문기관

대전광역시

- 대전사회복지협회 • 갈마도서관 • 대전시립산성종합복지관 • 유성노인복지회관 • 우암사적공원 • 국립대전현충원
- 중촌경로공원효심정 • 대청댐 • 온달의집정화원 • 대덕구자원봉사센터 • 중리종합사회복지관 • 밀알복지관
- 점자도서관 • 대전청소년문화의집 • 동구노인종합복지관

부산광역시

- 부산청소년활동진흥센터 · 한국자원봉사연합회 · 금정구자원봉사센터 · 동구장애인복지관 · 강서장애인복지시설
- 금곡동청소년수련관 · 부산점자도서관 · 부산국제록페스티벌 · 구평종합사회복지관 · 국월장애인작업장
- 두송종합사회복지관 · 서구장애인재활공동작업장 · 서구종합사회복지관 · 부산적십자혈액원 · 환경관리공단
- 해운대도서관

서울특별시

- 서울시립수락양로원 · 노원노인종합복지관 · 서울시남부장애인복지관 · 강북청소년수련관 · 월곡종합사회복지관
- 도봉노인종합복지관 · 도봉구자원봉사센터 · 성북구자원봉사센터 · 강남보육원 · 강북노인종합복지관
- 창동노인복지센터 · 국립현충원 · 서울시립중계노인복지관 · 노원자원회수시설 · 노원정보도서관
- 월계종합사회복지관 · 강남구노인복지관 · 양재종합사회복지관 · 대한법률구조공단 · 서부장애인종합복지관

울산광역시

- 내원암계곡 · 푸른울산21환경위원회 · 울산시립노인요양원 · 동향원 · 용연하수처리장 · 울산들꽃학습원 · 태화강
- 울산광역시청소년활동진흥센터 · 울산유네스코 · 북구중앙도서관 · 화암주상절리 · 울주향토사료관
- 울산장애인종합복지관 · 울산동구종합사회복지관 · 울산중구보건소 · 남창옹기종기시장

인천 광역시

- 인천환경공단 · 인천대공원 환경미래관 · 미추홀학교 · 송도국제도시 생태교육관 · 콩세알나눔센터
- 인천YMCA 삼산종합사회복지관 · 계양종합사회복지관 · 인천환경공단 하수처리장 · 부평공원

전라남도

- 돌산공원 · 진도군장애인종합복지관 · 거북선공원 · 동백원 · 하얀연꽃 · 진성원 · 목포장애인요양원 · 자혜요양원
- 용욱노인전문요양원 · 금성요양원 · 영암효요양원 · 곡성청소년야영장

전라북도

- 고창군자원봉사종합센터 · 호벌치 전적지 기념비 · 강천산국립공원 · 순창전통고추장마을
- 모악산도립공원 · 고창수박축제 · 동학농민운동기포지 · 은사리단풍나무숲

제주도

- 미타요양원 · 평안전문요양원 · 제주4.3평화공원 · 성요셉요양원 · 정혜재활원
- 서호요양원 · 제주애덕의집 · 은혜마을 제주평화양로원 · 제주장애인요양원 · 세화요양원

충청남도

- 충남 남부장애인종합복지관 · 금매복지원 · 성일복지원 · 보령시립노인전문병원
- 서천군자원봉사센터 · 한삼골건강마을 · 보령학사 · 만수산휴양림
- 홍성군장애인종합복지관 · 아산시보건소 · 아산서부종합사회복지관 · 아산시평생학습관

충청북도

- 함박산 · 상당산성 · 청주중앙공원 · 청원 안나의집 · 천태산 · 수생식물학습원
- 월악산 자연관찰로 · 청주북부사회복지관 · 청원군청소년수련관

> 자신의 지역에 해당하는 봉사 활동 기관 중에서 찾아 가고 싶은 기관을 인터넷에서 검색해 보세요.

이런 봉사 활동 어때요?

① 교내 봉사 활동

➡ 화단 가꾸기

　교내 봉사 활동은 다양하지 않은 편이지만 자신이 어떻게 찾아 내느냐에 따라 쉽게 접근할 수 있는 봉사 활동 중의 하나입니다. 학교의 화단을 학생 여러분이 직접 가꾸어 학교의 환경을 더욱 아름답게 가꾸어 보면 어떨까요? 멀리 가지 않고도 손쉽게 봉사 활동을 할 수 있습니다.

▶ 어떻게 봉사할까?

　학교의 동의를 얻어 연간 계획으로 꾸준히 화단을 관리하는 활동을 계획해 보세요. 방법을 모른다고요? 인터넷에서 '화단 가꾸기'를 검색해, 다양한 화단 가꾸기 내용을 익히면 됩니다.

▶ 포트폴리오 만들기

　씨앗 뿌리기, 모종 옮겨 심기, 수확하기 등 자신이 가꾸었던 식물의 성장 과정을 모두 사진으로 찍어 두세요. 그리고 그 사진들을 꼼꼼히 스크랩하고 그때그때 중요한 내용을 기록해 두도록 합니다.

▶ 진로와 연결하기

　농업이나 연구 분야에 관심 있는 학생들이 도전해 볼 만한 봉사 활동입니다. 화단 가꾸기와 같은 교내 봉사 활동을 통해 애교심을 기르고 수확의 기쁨을 함께 나눔으로써 장차 농학을 전공하고자 하는 학생들에게는 더없이 좋은 경험이 될 것입니다.

② 지역 사회 봉사 활동

한국지역아동센터연합회(www.hjy.kr)

➡ 지역 아동 센터를 통한 활동

　지역 아동 센터는 소외 계층의 아동들을 대상으로 하여 보호와 교육을 제공하는 기관으로 다양한 프로그램을 운영하고 있습니다.

▶ 어떻게 봉사할까?

　• **학습 도우미** - 초등학생이나 중학생 동생들을 위한 학습 도우미 활동으로서 자신이 갖고 있는 지식을 나눠 주면 의미가 있겠죠?

　• **예능 기부 활동** - 그림을 잘 그리는 학생이나 악기를 다룰 수 있는 학생이라면, 자신의 특기 활동으로 지도를 할 수 있습니다.

　• **과학 실험** - 초등학생을 대상으로 하는 대부분의 실험은 간단한 실습 도구만 있으면 가능하므로 어린 친구들에게 과학의 호기심을 해결해 줄 수 있습니다.

　• **외국어 회화** - 각종 외국어에 자신 있는 학생은 외국어를 지도하는 것으로 봉사할 수 있습니다.

▶ **포트폴리오 만들기**

봉사 활동 시 사진이나 동영상을 찍어 두면 관련 자료로 활용하기 좋을 것입니다.

▶ **진로와 연결하기**

사회 복지학과에 관심 있는 친구들이라면 지역 사회 봉사 활동이 자신의 관심 분야에 적합한 봉사 활동일 것입니다. 또 아이들을 가르친 경험은 선생님이 되고 싶어 하는 학생에게도 큰 경험과 도움이 될 것입니다. 그 밖에도 자신의 특기를 살린 봉사 활동은 진로 계획에 많은 도움이 됩니다.

다문화 가족 지원 센터 트루프렌드(www.truefriend.kr)

⇨ **다문화 가족 지원 센터를 통한 활동**

다문화 가정은 늘어났지만 여전히 뿌리 깊게 존재하는 편견들로 인해 소외받는 다문화 가정이 많이 있습니다. 이들에게 우리들이 도움을 줄 수 있습니다.

▶ **어떻게 봉사할까?**

• **한국어 도우미** - 다문화 가정을 위한 한국어 도우미 봉사 활동을 해 보세요. 한국말을 제대로 하지 못해서 유치원에 다니는 데 어려움을 많이 겪고 있는 아이들을 위해 한국말을 지도하고 각종 고지서, 가정 통신문 등을 제대로 챙겨 주는 도우미 역할을 할 수 있습니다.

• **문화 체험 지원** - 다문화 가정에서는 문화적인 갈등으로 힘들어 합니다. 이들에게 한국 문화 체험 등의 활동으로 도움을 줄 수 있습니다.

• **1:1 친구 맺기** - 다문화 가정은 일반 가정보다 어려움을 겪을 것이라는 편견과 고정 관념도 다문화 가정에게는 상처가 되기도 합니다. 그러므로 이런 다문화 가정의 아이들과 친구를 맺는 것도 좋은 방법입니다.

▶ **포트폴리오 만들기**

다문화 가정과 함께 찍은 사진, 주고받은 편지, 한국어 시험지 등을 모아 두어 포트폴리오를 만들 때 사용하면 좋은 자료가 될 수 있습니다.

▶ **진로와 연결하기**

다문화 가정의 한국어 도우미로 활동한 어떤 학생은 봉사 활동 경험으로 어문학 계열에 진학하여 외국인을 위한 한국어 안내서를 만들고 싶어졌습니다. 사회 복지학과에 진학해 다문화 가정을 위한 정책을 만들고 싶어 하는 학생도 있고, 법학과에 진학하여 다문화 가정을 위한 법률을 제정하고 싶어 하는 학생들도 있습니다. 그 외에 다양한 분야의 진로 계획에 도움이 될 것입니다.

국토환경재단(www.ecofund.or.kr)

③ 자연 환경 보호 활동

자연 환경 보호 활동과 관련해서는 다양한 단체들이 있습니다. 환경 보호 활동에 관심 있는 학생들은 인터넷에서 자연 환경 보호 활동이라는 검색어로 환경 단체를 검색해 보세요. 각종 단체에 가입하여 꾸준히 활동하고 활동 기록들을 남겨 두면 매우 의미 있는 일이 될 것입니다.

▶ **어떻게 봉사할까?**

환경 활동은 크게 국제 환경 활동과 국내 환경 활동으로 나누어 볼 수 있습니다. 국제적인 활동을 해 보는 것도 좋겠지만 우리 주변을 되돌아보고 주변에서 쉽게 찾을 수 있는 환경 활동부터 시작해 보는 것도 좋지 않을까요? 국립 공원, 근린 공원, 시민 공원, 유원지, 자원 재활용 센터 등에서 환경 보호 봉사 활동을 할 수 있습니다.

▶ **포트폴리오 만들기**

자신이 꾸준히 활동한 환경 단체나, 환경 봉사 활동에 대한 자료(사진 자료, 동영상, 음성 녹음, 그림 등)를 정리해 두어 포트폴리오에 활용하세요. 이때 자신의 활동 내용을 구체적으로 설명할 수 있어야 하며, 그러한 활동을 왜 했는지에 대한 명확한 근거를 제시할 수 있도록 준비해야 합니다.

▶ **진로와 연결하기**

환경과 관련된 봉사 활동은 연구 분야나, 경제, 경영, 국제 법률 등 인문 사회 전반, 자연 계열 공통으로 해당되는 분야입니다.

④ 캠페인 활동

기아 체험 24시간(www.famine24.net)

⇨ **기아 체험**

기아 체험은 빈곤, 질병, 전쟁 등의 어려움으로 고통받는 지구촌 이웃들의 삶을 기아 체험을 통해 간접적으로 느껴 보고 주변에 이런 현실을 알리는 세계적인 나눔 봉사 활동입니다.

▶ **어떻게 봉사할까?**

• **기아 체험 참여** - 전국에서 다양하게 열리는 기아 체험에 언제든지 참여할 수 있습니다. 대규모 기아 체험에서부터 유명인을 포함한 개인들이 만든 기아 체험을 살펴보고 참여해 보세요. 다양하게 진행되고 있는 기아 체험을 보면서 후원금과 응원 댓글로도 참여할 수 있습니다.

• **기아 체험 직접 만들기** - 일시, 장소, 참가 인원을 정하여 창의적이고 재미있는 프로그램으로 기

아 체험을 직접 진행할 수 있습니다. 리더십과 창의력을 발휘할 수 있는 활동이겠죠?

- **스폰서 북 신청** – 스폰서 북은 지구촌의 현실을 배우고 느낄 수 있게 돕는 교육 자료와 내용을 직접 주변 사람에게 알리면서 모금 활동을 할 수 있도록 돕는 작은 책입니다. 자원봉사 활동으로 인정받을 수 있기 때문에 후원자들의 명단, 후원 금액, 활동 소감문을 이용하여 스폰서 북을 제작할 수 있습니다.

▶ 포트폴리오 만들기

기아 체험에 직접 참여한 활동 사진이나, 기아 체험을 직접 만들었을 때는 그에 필요한 절차 및 신청서 등의 서류를 포트폴리오 자료로 활용할 수 있습니다.

▶ 진로와 연결하기

국제 구호 단체에서 활동하고 싶은 꿈을 가진 학생, 인류의 빈곤과 기아 문제를 해결하기 위해 필요한 농업 생명 분야를 공부하고 싶은 학생 등에게 많은 도움이 될 것입니다. 그 밖에도 지구촌의 문화와 환경에 관심 있는 학생들이 활동하면 많은 도움을 받을 수 있을 것입니다.

🔽 영화제 도우미 활동

영화나 연기를 좋아하고 이 분야로의 진로를 계획하고 있는 학생이라면 각종 영화제 정보를 검색하여 행사 도우미로 봉사 활동을 할 수 있습니다.

서울국제청소년영화제(www.siyff.com)

▶ 어떻게 봉사할까?

관심 있는 영화제 정보 및 일정을 확인하고 주말을 이용하여 영화제에서 행사 도우미로 봉사 활동을 할 수 있도록 미리 계획합니다. 봉사 활동 확인을 받을 수 없는 경우라도 자신의 진로와 연계해 본다면 의미가 있는 봉사 경험이 될 것입니다.

부산국제영화제(www.biff.kr)

▶ 포트폴리오 만들기

영화제 각종 자료, 봉사 활동 사진, 자신이 참여한 영화제에 대한 활동 소감을 체계적으로 정리하여 모아 두어 포트폴리오에 활용할 수 있습니다.

▶ 진로와 연결하기

연극 영화과, 인문 사회 계열 학과에 지원하고자 하는 학생들이 도전해 볼 만한 봉사 활동입니다. 그리고 자원봉사 활동 시 팀 활동을 하게 되는 경우가 많으므로 리더십에 관련된 실적으로 제시할 수 있습니다.

③ 봉사 활동 연간 계획표 작성하기

내가 하고 싶은 봉사 활동을 생각해 보았나요? 이제 구체적으로 계획표를 만들어 보세요.

예시 **봉사 활동 계획표**

봉사 활동을 해야 하는 이유	• 봉사 활동을 통해 지역 사회에 사랑과 나눔을 실천할 수 있다. • 따뜻한 사랑의 마음을 나눌 수 있다. • 더불어 사는 사회를 이해할 수 있다. • 나의 도움이 필요한 곳에 도움의 손길을 제공하기 위해.
내가 특별히 하고 싶은 봉사 활동	노인 종합 복지관에서 거동이 불편하거나 정서적인 어려움을 겪고 있는 어르신들 돕기.
봉사 활동 장소	○○ 노인종합복지관
봉사 활동을 위한 구체적인 계획	1. 한 달에 두 번 노인종합복지관 방문하기(주말 이용). 2. 노인종합복지관에서 근무하시는 사회 복지사님과 상담하기. 3. 1년 동안 어떤 활동을 할 것인지 자세히 알아보기. 4. 홀로 사시는 노인들에게 밑반찬 배달하기. 5. 몸이 불편한 어른들을 위해 집안 대청소 해 드리기. 6. 홀로 외롭게 지내는 어르신들에게 말벗 해 드리기.
진로와의 연관성	노인들을 위한 의료 장비를 연구하여 개발하고 싶은데, 노인 종합 복지관에서의 봉사 활동은 노인들의 가장 큰 어려움을 이해할 수 있는 데 도움을 줄 것 같다.
봉사 활동 목적	1. 지속적인 봉사 활동을 통해 봉사 활동을 형식에 의한 봉사가 아닌, 삶의 일부분으로 적용할 수 있다. 2. 어른들을 공경하며 좀 더 예의 바른 사람이 될 수 있다.

봉사 활동을 해야 하는 이유	
내가 특별히 하고 싶은 봉사 활동	
봉사 활동 장소	
봉사 활동을 위한 구체적인 계획	
진로와의 연관성	
봉사 활동 목적	

활동지 봉사 활동 계획표 (2학년)

봉사 활동을 해야 하는 이유	
내가 특별히 하고 싶은 봉사 활동	
봉사 활동 장소	
봉사 활동을 위한 구체적인 계획	
진로와의 연관성	
봉사 활동 목적	

활동지 봉사 활동 계획표 (3학년)

봉사 활동을 해야 하는 이유	
내가 특별히 하고 싶은 봉사 활동	
봉사 활동 장소	
봉사 활동을 위한 구체적인 계획	
진로와의 연관성	
봉사 활동 목적	

4 봉사 활동 시작하기

봉사 활동은 학교 교육 과정에 의한 봉사 활동과 개인 계획에 의한 봉사 활동으로 나누어 볼 수 있습니다. 학교 교육 과정에 의한 봉사 활동은 학교에서 선생님들이 계획을 세우고 추진하지만, 개인 계획에 의한 봉사 활동은 여러분이 직접 계획하고 실행에 옮기는 것입니다.

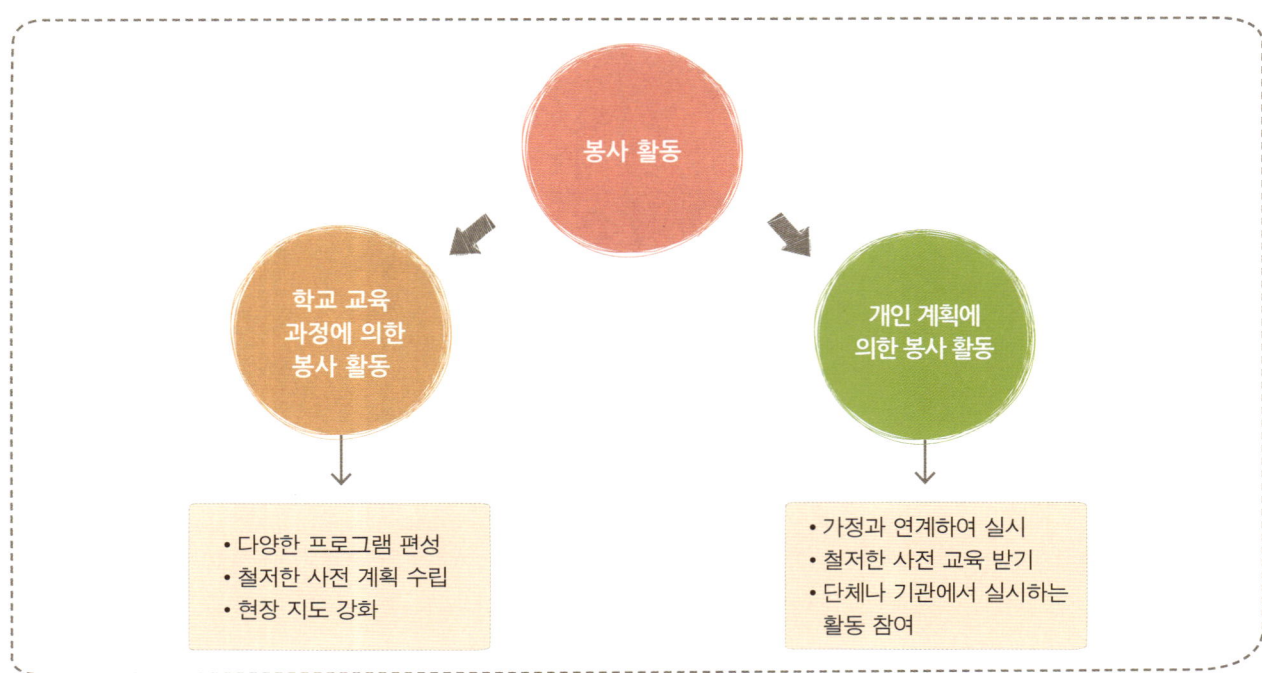

➡ 봉사 활동의 절차

봉사 활동은 다음과 같은 순서로 합니다. 함께 살펴볼까요?

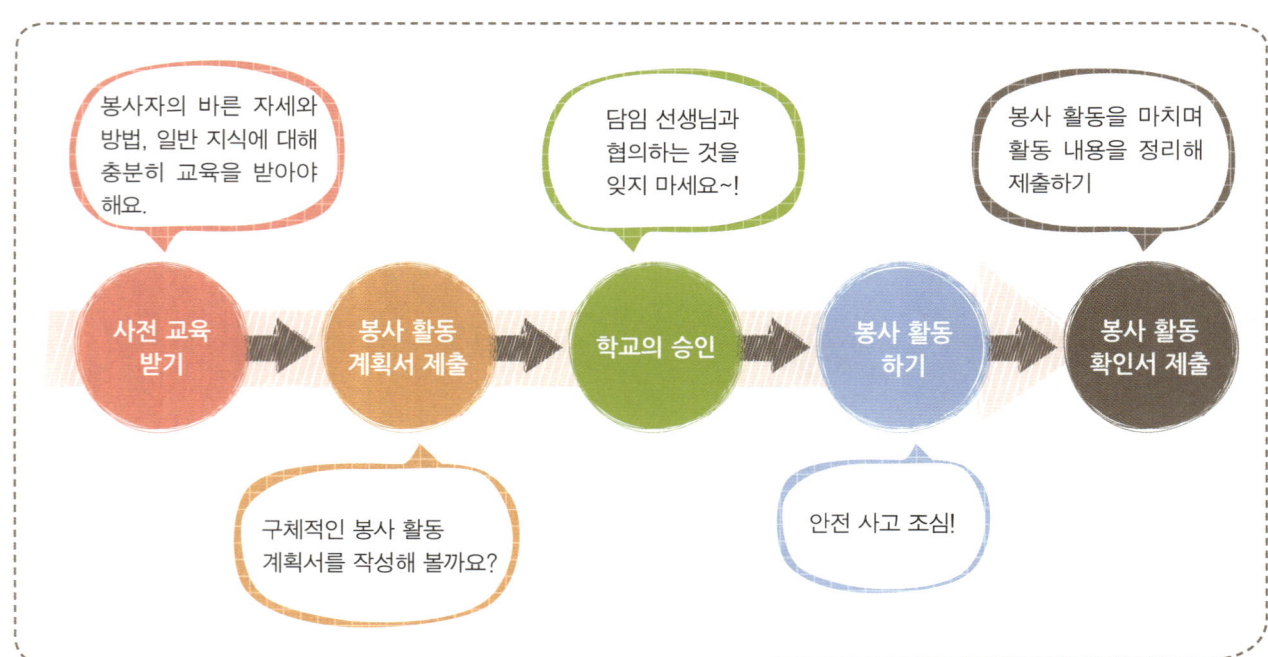

① 사전 교육 받기

- 학교에서 봉사 활동에 대한 사전 준비 교육을 철저히 받으세요.
- 봉사 활동 각 영역과 영역별 주의 사항을 잘 살펴보세요.
- 자신이 선택한 봉사 활동 기관이 봉사 활동의 의미를 체험할 수 있는 곳인지 점검받으세요.
- 안전 사고가 발생하지 않도록 반드시 안전 수칙을 교육받으세요.

활동지 봉사자의 사전 교육 내용

봉사자로서의 자세와 방법, 일반적 지식에 관해 교육받은 내용을 기록해 보세요.

② 봉사 활동 계획서 제출

- 봉사 활동을 시작하기 전에 활동 대상과 내용, 시간 등을 고려하여 구체적인 활동 계획서를 작성하는 것이 좋습니다.
- 봉사 활동 대상을 찾아보고 기관을 답사하여 자료를 수집해 봅니다.
- 봉사 활동 실행을 위한 구체적인 프로그램에 대해 사전에 선생님과 협의하세요.
- 발생할 수 있는 문제점을 검토하고 수정 및 보완해 보세요.

개인별 봉사 활동은 계획서 승인을 받고 봉사 활동을 실행해야 합니다.

예시 개인 봉사 활동 계획서

인적 사항	○○ 고등학교 제 1학년 3반 7번 성명 : 서 우 정
활동 기간	201X 년 6 월 26 일 ~ 2011 년 6월 26 일, 총 (4)시간 예정
활동 장소	한국장애복지관
활동 대상 (확인 기관)	장애를 가진 청소년들을 대상으로 하는 직업 프로그램에 참여할 것이다.
활동 내용	장애를 가진 청소년들을 위해 한국장애복지관에서 운영하는 다양한 직업 체험 프로그램 중에서 천연 비누 만들기에 참여하여 도우미 활동을 할 예정이다.

위와 같이 자원 봉사 활동 계획서를 제출합니다.

201○ 년 6 월 16 일

학 생 : 서 우 정 (인)

검토자 (담임 교사) : 김 연 희 (인)

활동지 개인 봉사 활동 계획서

인적 사항	_____ 고등학교 제 ___ 학년 ___ 반 ___ 번 성명 : _____
활동 기간	___ 년 ___ 월 ___ 일 ~ ___ 년 ___ 월 ___ 일, 총 ( )시간 예정
활동 장소	
활동 대상 (확인 기관)	
활동 내용	

위와 같이 자원 봉사 활동 계획서를 제출합니다.

201○ 년   월   일

학 생 :   (인)

검토자 (담임 교사) :   (인)

③ 학교의 승인

사전 교육 받기 → 봉사 활동 계획서 제출 → **학교의 승인** → 봉사 활동 하기 → 봉사 활동 확인서 제출

- 개인별, 소 집단별 봉사 활동 계획은 담당 지도 선생님 및 담임 선생님과 사전에 협의합니다.
- 개별적인 봉사 활동 계획은 학교장의 승인을 받아야 합니다.

활동지 봉사 활동에 관한 협의 내용

선생님과 봉사 활동에 관하여 협의 전과 협의 후에 달라진 점이 있으면 기록해 보세요.

협의 전	→	협의 후 달라진 점

④ 봉사 활동 하기

- 안전 사고에 유의하여 봉사 활동을 실행합니다.
- 봉사 활동을 통해 학습의 효과를 거둘 수 있도록 합니다.
- 취미와 적성에 맞는 체험 학습의 기회로 활용해 보세요.
- 봉사 활동을 습관화 · 내면화할 수 있도록 노력하세요.

사진 자료는 에듀팟에 활동 보고서 기록 시 첨부 파일로 등록할 수 있겠죠?

활동지 **봉사 활동 사진**

봉사 활동과 관련 있는 자료 또는 활동 사진을 직접 붙여 보세요.

⑤ 봉사 활동 확인서 제출

봉사 활동 기관에서 활동 후 받은 확인서를 학교에 제출하세요.

활동지 봉사 활동 확인서

봉사 활동 확인서

1. 인적 사항

　학교명 :

　학년 :　　반 :　　번호 :

　성명 :

2. 봉사 활동 기간 : 201　　년　　월　　일 ~ 201　　년　　월　　일(　　일간)

　봉사 활동 시간 : 총　　시간

3. 봉사 활동 장소 :

4. 봉사 활동 영역

　교내 봉사 활동(　) 지역 사회 봉사 활동(　) 자연환경 보호 활동(　) 캠페인 활동(　)

5. 봉사활동 내용 :

6. 확인 기관장명 :

7. 확인자 직책 :

　　　　　　　　　　　　　　　　성명　　　　　　　　(인)

02 Let's go! 봉사 활동

봉사 활동 에듀팟에 올리기

동일한 기관에서 봉사 활동을 지속적으로 한 경우 분기별로 활동 기간을 정하여 기록하는 것이 좋고 개별 활동이나 특이한 상황이 있으면 개별적으로 기록할 수 있어요

1 봉사 활동 작성 방법

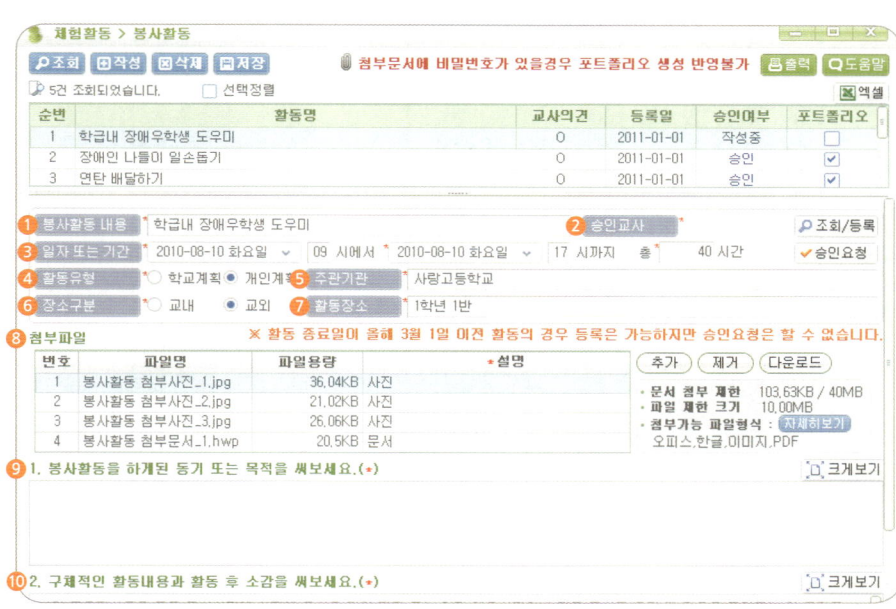

❶ **봉사 활동 내용** : 참여한 봉사 활동명 또는 내용을 간단하게 적습니다.

❷ **승인 교사** : 봉사 활동 정보 승인을 위한 선생님을 적습니다.

❸ **일자 또는 기간** : 봉사 활동 기간과 봉사 활동 확인서에 인정된 봉사 활동 시간을 기록합니다.

❹ **활동 유형** : 학교 계획에 의한 활동인지 개인 계획에 의한 활동인지 선택합니다.

❺ **주관 기관** : 주관 기관명을 적습니다.

❻ **장소 구분** : 교내 활동인지 교외 활동인지 장소를 선택합니다.

❼ **활동 장소** : 활동한 장소를 구체적으로 적습니다.

❽ **첨부 파일** : 활동 증빙 자료로 활동 사진, 활동 계획서 등을 첨부 파일로 올릴 수 있습니다. 사용 가능한 파일 확장자는 JPG, GIF, HWP, XLS, PPT, PDF이며, 첨부 파일 크기는 10MB 이내이므로, 파일을 업로드할 때는 자료를 효율적으로 다양하게 올릴 수 있도록 사진의 용량 등은 줄여서 올리면 좋습니다.

❾ **봉사 활동을 하게 된 동기 또는 목적** : 봉사 활동을 시작하게 된 동기나 이유, 목적 등을 구체적으로 적습니다.

❿ **구체적인 활동 내용과 활동 후 소감** : 봉사 활동 내용을 구체적으로 적습니다. 추상적인 소감보다는 의미 있었던 행사나 활동 위주로 작성합니다.

② 봉사 활동 작성하기

예시 1 장애인 돕기

봉사 활동 내용 : 장애인 돕기	승인 교사 : 조유현 선생님

일자 또는 기간 : 201X. 06. 06 (10:00)시 ~ 201X.06. 06 (14:00)시	총 4 시간

활동 유형 : ☑학교 계획 ☐개인 계획	주관 기관 : 한국장애복지회관
장소 구분 : ☐교내 활동 ☑교외 활동	활동 장소 : 복지관 내 직업 체험실

1. 봉사 활동에 참여하게 된 동기 또는 목적을 써 보세요.

활동을 하게 된 동기

- 어려서부터 장애인 복지에 관심이 많았다.
- 장애를 가진 사람들은 직업을 구하는 데 어려움이 많아 생활고에 시달리고 있는데, 이 부분을 개선하고 싶다.
- 사회 복지학을 전공해, 보건 복지부 장관이 되어 장애인을 위한 올바른 정책과 복지 제도를 만드는 것이 내 목표다.
- 그런데 나는 그동안 장애인들과 함께 활동하고 친구가 되었던 적이 별로 없다.

활동을 통해 기대한 점 또는 활동 목적

- 장애인 복지관에 가서 아무런 대가 없이 봉사 활동을 하며 봉사의 참 의미를 깨달을 수 있을 것이다.
- 진정으로 마음에서 우러나오는 봉사를 한다는 것이 어렵지만 꾸준히 계획적으로 그들과 친구가 되어 진정한 봉사자로 활동할 계획으로 시작했다.

위에 작성한 내용을 바탕으로 자연스럽게 글을 완성해 보세요.

　내 꿈은 보건 복지부 장관이다. 이러한 꿈을 갖게 된 이유는 어려서부터 사회 복지에 관심이 많았기 때문이다. 특별히 관심 있는 분야는 사회 복지 영역에서도 장애인 복지다. 우리나라는 다른 OECD 국가에 비해 장애인을 위한 시설을 제대로 갖추고 있지 않아 장애인들이 살기 어려운 나라다. 그리고 편의 시설뿐 아니라 그들을 바라보는 국민의 인식과 교육 부족도 문제라고 생각했다. 또한, 장애를 가진 사람들은 직업을 구하는 데 어려움이 많아 생활고에 시달리고 있기도 하다.

　사회 복지학을 공부하여 보건 복지부 장관이 되면 장애인을 위한 올바른 정책과 복지 제도를 만들고 싶다. 그런데 그동안 나는 장애인 복지에 관심이 있다고 말만 했지 장애인들과 함께 활동하고 친구가 되었던 적이 별로 없다. 단지 봉사 시간을 채우기 위해 몇 번 활동한 게 다이다. 이런 나의 모습을 반성하고 봉사 활동의 참 의미를 다시 한번 새겨보기 위해 장애인 복지관에 가서 아무런 시간적 대가 없이 봉사 활동을 하기로 마음을 먹었다. 장애인들과 말을 많이 해 본 적도 없고, 그냥 텔레비전에서 본 적밖에 없어서 혹시나 그 사람들이 내게 침이라도 흘려서 옷이 더러워지지 않을까 하는 부끄러운 생각까지 들었다. 진정으로 마음에서 우러나오는 봉사를 한다는 것 자체가 어렵지만 꾸준히 계획적으로 그들과 친구가 되어 진정한 봉사자로 활동해 볼 생각이다.

2. 구체적인 활동 내용과 활동 후 소감을 써 보세요.

활동 내용
- 직업 체험 활동 – 천연 비누 제작

새롭게 배우게 된 내용
- 장애인들이 세상에 나가서 자신의 일을 찾고 생활 능력을 기를 수 있도록 직업 기술을 배우는 것이 필요하다.
- 장애인들이 단지 몸만 불편하지 나와 별로 다른 점이 없다는 것을 알게 됐다.

활동을 통해 깨달은 점 및 변화된 점
- 장애인에 대한 나의 편견을 바꿀 수 있는 기회가 되었다.
- 장애인은 우리와 좀 다를 뿐이지 우리와 똑같은 사람이고 이 나라의 국민이다.
- 형식적으로 점수를 받기 위한 활동이 아니었기에 마음이 흐뭇했다.
- 계획을 세워 지속적으로 장애를 가진 친구들을 돕는 활동을 할 계획이다.

위에 작성한 내용을 바탕으로 자연스럽게 완성해 보세요.

　장애인 복지 센터에서 처음으로 내가 그들과 함께 한 활동은 직업 체험 활동이었다. 장애인들이 세상에 나가서 자신의 일을 찾고 생활 능력을 기를 수 있도록 직업 기술을 배우는 시간으로, 나와 또래가 비슷한 청소년들이 배우고 있는 천연 비누 제작을 같이 해 보았다. 나도 처음 비누를 제작하는 것이어서 자신은 없었지만 장애를 가진 친구들보다는 예쁘고 깔끔하게 만들 자신이 있었다. 그렇지만 선생님이 설명해 주시는 내용을 귀담아 듣지 않아 재료 비율 계산을 정확히 하지 못해 내가 만든 비누는 실패작이었다. 그러나 장애인 친구는 선생님의 설명을 꼼꼼하게 기록하고 비누를 제작하여 결과물이 훨씬 좋았다.

　그들과 함께 활동하고 이야기를 하면서 이 친구들이 단지 몸만 불편하지 나와 별로 다른 점이 없다는 것을 알게 되었다. 이 기회를 통해 장애인에 대한 나의 편견을 바꿀 수 있었다. 장애인은 우리와 좀 다를 뿐이지 우리와 똑같은 사람이고 이 나라의 국민이다. 그들도 우리처럼 누릴 수 있는 것들이 많았으면 좋겠다.

　이번 봉사 활동은 형식적으로 점수를 받기 위한 활동이 아니었기에 더욱 마음이 흐뭇했다. 처음에는 봉사 시간을 받지 않을 계획이었는데 원장님께서 봉사 시간도 인정해 주셨다. 앞으로는 계획을 세워 지속적으로 장애를 가진 친구들을 돕는 활동을 할 계획이다. 다음에는 오늘 비누를 같이 제작한 장애인 친구와 함께 영화를 보러 가기로 했다. 그때는 좀 더 제대로 해서 친구에게 도움이 되어야겠다.

예시 2 노인 요양원 일손 돕기

봉사 활동 내용 : 노인 요양원 일손 돕기	승인 교사 : 조유현 선생님	
일자 또는 기간 : 201X. 06. 06 (09:00)시 ~ 201X.06. 06 (17:00)시		총 8 시간
활동 유형 : ☐ 학교 계획 ✅ 개인 계획	주관 기관 : ○○구청	
장소 구분 : ☐ 교내 활동 ✅ 교외 활동	활동 장소 : ○○○ 노인 요양원	

1. 봉사 활동에 참여하게 된 동기 또는 목적을 써 보세요.

활동을 하게 된 동기

• 돌아가신 외할머니의 푸근했던 품이 그립다. 그래서 가끔 '우리 할머니 같은 할머니와 시간을 보낼 수 있는 자원봉사가 없을까?' 라고 생각했다.
• '○○노인요양원'이란 곳을 알게 되었다. 그곳은 몸이 불편한 할머니들이 계신 곳이다.

활동을 통해 기대한 점 또는 활동 목적

• 몸이 불편한 할머니들이 계신 곳이라 잘 돌봐드릴 수 있을까 하는 걱정이 들기도 했지만, 새로운 경험을 할 수 있을 것이다.
• 어릴 때 외할머니께 받은 사랑을 다른 어르신들께 돌려드릴 수 있을 것 같다.

위에 작성한 내용을 바탕으로 자연스럽게 글을 완성해 보세요.

지금은 돌아가시고 안 계시지만 초등학교 다닐 때까지만 해도 방학이면 늘 외갓집에 찾아가 외할머니와 함께 지냈다. 푸근했던 할머니 품이 생각나서 '우리 할머니와 같은 할머니와 시간을 보낼 수 있는 자원봉사가 없을까?'라는 생각을 하던 차에 '○○○노인요양원'을 알게 되었다.

그곳은 몸이 불편하신 할머니들이 요양하고 계신 곳이었다. 어릴 때는 할머니가 나를 돌봐주시고 말동무가 되어 주셨지만, 이번엔 내가 몸이 불편하신 할머니들을 돌봐드려야 했기 때문에 걱정이 앞섰다. 하지만 새로운 경험을 할 수 있다는 호기심이 들었고, 어릴 때 외할머니께 받은 사랑을 다른 어르신들께 돌려 드릴 수 있다는 것에 매력을 느껴 자원봉사를 하기로 마음먹었다.

2. 구체적인 활동 내용과 활동 후 소감을 써 보세요.

활동 내용

- 요양원 복도와 식당, 할머니들의 방과 침대 정리 등 요양원 곳곳을 깨끗이 청소하는 일부터 시작했다.
- 청소를 마친 뒤는 할머니들이 식사하시는 것을 도와드렸다.
- 안마를 해 드리고, 말동무도 해 드렸다.

활동을 통해 깨달은 점 및 변화된 점

- 할머니들과 잘 통하는 말도 없었지만 얼굴 가득히 미소를 지어 주시는 할머니들을 보면서 외할머니의 정을 느꼈다.
- 내 작은 손길로 인해 할머니, 할아버지들이 잠시나마 기뻐하시는 모습을 보니 정말 보람차고 행복했다.
- 몸이 많이 약해진 할머니, 할아버지들을 보면서, 앞으로는 길이나 공공장소에서 몸이 불편하시거나 무거운 짐을 들고 계시는 할머니 할아버지들을 보면 반드시 도와드려야겠다고 생각했다.
- 부모님께서 항상 말씀하시듯 모두가 함께 살아가는 사회를 위해 도울 수 있는 일은 항상 서로 도우며 산다면 모두 행복할 것이라는 것을 느꼈다.

위에 작성한 내용을 바탕으로 자연스럽게 완성해 보세요.

　처음 봉사를 결심하고 찾아갔을 때는 무척 긴장을 했다. 몸이 불편한 할머니들을 보살펴 드리는 것이 아니라 오히려 서툰 손길로 폐를 끼치게 되는 건 아닐까 하는 걱정이 들었기 때문이다. 처음엔 요양원 복도와 식당, 할머니들의 방과 침대 정리 등 요양원 곳곳을 깨끗이 청소하는 일부터 시작해서 어렵지는 않았다. 청소를 마친 뒤 할머니들이 식사하시는 것을 도와드렸다. 몸이 너무 불편하신 할머니, 할아버지들을 보니 돌아가시기 전 1년간 병상에서 힘들어하시던 외할머니가 떠올랐다. 외할머니를 떠올리며 더욱 정성을 쏟게 되었고, 안마를 해 드릴 때도 마찬가지였다. 할머니들과 잘 통하는 말도 없었지만 할머니들은 얼굴 가득히 미소를 지어 주셨다. 그 모습에서 한없이 인자한 미소를 지으시던 외할머니의 정을 느껴 애틋한 마음이 들었다.

　몸이 불편하신 분들이라 조금 힘들긴 했지만 내 작은 손길로 인해 할머니, 할아버지들이 잠시나마 기뻐하시는 모습을 보니 보람차고 행복했다. 친손자 대하듯 손을 꼭 잡으시고 예뻐해 주시던 할머니들의 모습이 지금도 잊히지 않는다.

　몸이 많이 약해진 할머니, 할아버지들을 보면서, 앞으로는 길이나 공공장소에서 몸이 불편하시거나 무거운 짐을 들고 계시는 할머니, 할아버지들을 보면 반드시 도와드려야겠다고 생각했다. 부모님께서 항상 말씀하시듯 더불어 사는 사회에서 도울 수 있는 일은 서로 도우며 살아간다면 모두 행복할 것이라는 것을 느꼈다.

예시 3 헌혈

봉사 활동 내용 : 헌혈		승인 교사 : 조유현 선생님
일자 또는 기간 : 201X. 06. 05 (10:00)시 ~ 201X.06. 05 (11:00)시		총 1 시간
활동 유형 : ☑ 학교 계획　☐ 개인 계획	주관 기관 : 한국장애복지회관	
장소 구분 : ☐ 교내 활동　☑ 교외 활동	활동 장소 : 복지관 내 직업 체험실	

1. 봉사 활동에 참여하게 된 동기 또는 목적을 써 보세요.

활동을 하게 된 동기

- 어렸을 때부터 내 꿈은 간호사였다.
- 하지만 막상 간호사가 어떤 일을 하는지 구체적으로 아는 것이 없었다.
- 작년 아버지가 입원하셨을 때 만난 친절한 간호사 선생님을 통해 간호사는 따뜻한 마음을 가져야 한다는 것을 알게 되었다.
- 텔레비전에서 헌혈 인구가 적어서 혈액을 수입한다는 소식을 접했다.
- 마침 학교에서 전교생을 대상으로 헌혈 봉사 활동을 실시했다.

활동을 통해 기대한 점 또는 활동 목적

- 간호사가 되기 위한 자질을 기른다.

위에 작성한 내용을 바탕으로 자연스럽게 글을 완성해 보세요.

　내 꿈은 간호사다. 어렸을 때부터 하얀 간호사 복장을 보며 백의의 천사를 꿈꾸어 왔다. 그런데 그동안 나는 간호사가 되고 싶다는 막연한 생각만 했지, 실제로 간호사가 어떤 마음가짐으로 환자들을 대해야 하는지, 또 내가 간호사가 되었을 때 환자들을 위해 봉사하는 마음 없이 환자들과 교감을 나누는 좋은 간호사가 될 수 있을지에 대해 생각해 본 적이 없었다.

　그런데 작년에 아버지가 병원에 입원하셨을 때, 매우 친절하고 우리 가족에게 따뜻한 말을 건네는 간호사 선생님을 보며, 간호사가 되려면 따뜻한 마음을 먼저 가져야겠다는 생각을 하게 됐다. 그래서 의료 자원봉사를 알아보던 중, 마침 텔레비전 뉴스에서 헌혈 인구가 적어서 혈액을 외국에서 수입한다는 소식을 접했다. '대한민국 사람이면 한민족이다.'라는 말이 무색해지는 소식이었다. 사람들이 조건만 된다면 쉽게 제공할 수 있는 혈액조차도 쉽게 나누지 않는다는 사실을 알게 됐을 때, 나는 6개월에 한 번씩은 꼭 헌혈을 하겠다고 결심했다.

2. 구체적인 활동 내용과 활동 후 소감을 써 보세요.

활동 내용

• 헌혈을 6개월에 한두 번씩 하였다.
• 교내 봉사 헌혈 활동에 참여하였고, 친구들에게 헌혈의 필요성과 가치를 알렸다.

새롭게 배우게 된 내용

• 헌혈을 통해 봉사란 내가 가진 것을 나누는 것으로부터 시작한다는 생각을 하게 되었다.
• 헌혈처럼 주변에서 쉽게 할 수 있는 봉사 활동이 많다는 것을 알게 되었다.

활동을 통해 깨달은 점 또는 변화된 점

• 온 국민이 헌혈을 한다면 혈액 수입이 필요 없을 것이라는 아쉬운 마음이 들었다. 내가 느낀 것처럼 많은 사람들이 나눔의 가치를 알았으면 좋겠다.
• 헌혈을 통해 당장 수혈이 필요한 사람들의 생명을 살릴 수 있음에 큰 보람을 느꼈고, 앞으로도 꾸준히 헌혈을 할 것이다.
• 간호학과에 진학하면 헌혈 캠페인 활동을 비롯해 다양한 자원봉사를 할 것이다.

위에 작성한 내용을 바탕으로 자연스럽게 완성해 보세요.

　나는 결심한 대로, 6개월에 한두 번씩 헌혈을 했다. 내 혈액이 지금 당장 위급한 환자의 생명을 살리는 데 사용될 수 있다는 사실에 큰 보람을 느꼈고, 늘어나는 헌혈 증서에 기분이 좋아졌다.

　그런데 이번에 학교에서 전교생을 대상으로 헌혈 봉사 활동을 실시하여, 나는 학교에서 하는 헌혈 활동에 더욱 적극적으로 동참하였다. 친구들에게도 헌혈의 필요성과 헌혈이 결코 위험하지 않다는 사실을 알려 주어, 우리 반의 헌혈 봉사자가 전교에서 가장 많은 기록을 달성하는 데도 한몫을 했다.

　'우리 국민이 일 년에 두 번씩만 헌혈을 한다면, 헌혈을 통해 자신의 건강도 챙길 수 있고, 또 외국으로부터 수입하는 혈액의 양도 줄일 수 있으니 여러 모로 경제적인 봉사 활동이 되지 않을까?' 하는 아쉬운 마음이 들었다. 더불어 내가 가진 것을 조금 나눠 주기만 하면 다른 사람에게는 생명이 되는 소중한 나눔의 가치를 많은 사람들이 알았으면 좋겠다.

　봉사란 어떤 특별한 것으로부터 시작하는 것이 아니라 헌혈처럼 내가 가진 작은 것을 나누는 것으로부터 시작한다. 이 점을 명심하고 나중에 간호학과에 진학하면, 헌혈 캠페인 활동에 참여해서 더 많은 사람들이 헌혈을 할 수 있도록 만들고 싶다. 또한 나눔을 실천하는 간호사가 되기 위해 앞으로도 다양한 자원봉사를 해야겠다.

1. 봉사 활동에 참여하게 된 동기 또는 목적을 써 보세요.

활동을 하게 된 동기

활동을 통해 기대한 점 또는 활동 목적

위에 작성한 내용을 바탕으로 자연스럽게 글을 완성해 보세요.

2. 구체적인 활동 내용과 활동 후 소감을 써 보세요.

활동 내용

새롭게 배우게 된 내용

활동을 통해 깨달은 점 또는 변화된 점

위에 작성한 내용을 바탕으로 자연스럽게 완성해 보세요.

봉사 활동 내용 :		승인 교사 :	
일자 또는 기간 :	( )시 ~ ( )시	총 시간	
활동 유형 : ☐ 학교 계획 ☐ 개인 계획		주관 기관 :	
장소 구분 : ☐ 교내 활동 ☐ 교외 활동		활동 장소 :	

1. 봉사 활동에 참여하게 된 동기 또는 목적을 써 보세요.

2. 구체적인 활동 내용과 활동 후 소감을 써 보세요.

봉사 활동 내용 :	승인 교사 :	
일자 또는 기간 : ( )시 ~ ( )시		총 시간
활동 유형 : ☐ 학교 계획 ☐ 개인 계획	주관 기관 :	
장소 구분 : ☐ 교내 활동 ☐ 교외 활동	활동 장소 :	

1. 봉사 활동에 참여하게 된 동기 또는 목적을 써 보세요.

2. 구체적인 활동 내용과 활동 후 소감을 써 보세요.

봉사 활동 내용 :

승인 교사 :

일자 또는 기간 :   (   )시 ~   (   )시   총   시간

활동 유형 : ☐ 학교 계획   ☐ 개인 계획

주관 기관 :

장소 구분 : ☐ 교내 활동   ☐ 교외 활동

활동 장소 :

1. 봉사 활동에 참여하게 된 동기 또는 목적을 써 보세요.

2. 구체적인 활동 내용과 활동 후 소감을 써 보세요.

봉사 활동 내용 :	승인 교사 :	
일자 또는 기간 : ( )시 ~ ( )시	총 시간	
활동 유형 : ☐ 학교 계획 ☐ 개인 계획	주관 기관 :	
장소 구분 : ☐ 교내 활동 ☐ 교외 활동	활동 장소 :	

1. 봉사 활동에 참여하게 된 동기 또는 목적을 써 보세요.

2. 구체적인 활동 내용과 활동 후 소감을 써 보세요.

봉사 활동 내용 :	승인 교사 :	
일자 또는 기간 : ( )시 ~ ( )시	총 시간	
활동 유형 : ☐ 학교 계획 ☐ 개인 계획	주관 기관 :	
장소 구분 : ☐ 교내 활동 ☐ 교외 활동	활동 장소 :	

나의 봉사 활동 보고서를 형식에 얽매이지 말고 자유롭게 구성해 볼까요?
그림을 그리거나 자료 사진을 붙여 멋진 포트폴리오를 만들어 보세요.

❸ 봉사 활동 자기소개서에 작성하기

대학에 따라 자기소개서 질문의 유형이 조금씩 다르지만 대부분 봉사 활동의 가치, 봉사 활동이 자신의 성장 과정에 영향을 끼친 점, 봉사 활동과 진로와의 연관성에 대한 질문이 자주 등장합니다.

봉사 활동 내용 위주로 쓴 자기소개서 예시를 읽어 보고, 자신의 자기소개서에 쓰고 싶은 봉사 활동이 있으면, 작성 연습을 해 보세요.

예시 1 **지체 장애인 돌보기 – 봉사 활동의 가치를 보여 주는 봉사 활동 사례**

봉사 활동을 시작하기 전에는 봉사의 기쁨을 잘 몰랐습니다. 봉사 활동에 대한 새로운 마음가짐을 가지게 된 계기는 지체 장애인과 1일 문화 체험을 한 뒤였습니다.

1일 도우미를 신청하여 휠체어를 타는 장애인 친구와 함께 문화 체험으로 영화관에 다녀왔습니다. 휠체어를 타는 장애인 친구와 지하철도 타 보고 도로도 걸어 보니 생활 환경이 장애인들이 생활하기에 너무 불편했습니다. 계단도 너무 많고, 보도도 울퉁불퉁한 곳이 너무 많았습니다. 장애인들에게는 주변이 온통 위험 구역이었습니다. 그래도 나와 함께 문화 체험을 한, 휠체어를 탄 친구는 불평 없이 스스로 하려고 하는 모습을 많이 보여 주었습니다.

모두가 편하게 행복하게 사는 세상이 되었으면 좋겠다는 간절한 마음과 동시에 장애인들이 살아가기 어려운 나라를 조금이라도 개선하고 싶은 의지가 생겼습니다. 그리고 장애인 친구의 모습에 제가 오히려 감동을 받았습니다. 그래서 저는 이 경험을 바탕으로 3년간 500시간이 넘는 봉사 활동을 할 수 있었습니다.

예시 2 **학습 지도 – 진로와 연관된 봉사 활동 사례**

초등학교 선생님이 되고 싶은 저는 우리 학교에 있는 여러 봉사 활동 단체 중 교사 활동을 할 수 있는 봉사 동아리에서 활동했습니다. 지역 아동 센터와 연계하여 우리 봉사 동아리 학생들이 직접 선생님이 되어 아이들의 학습을 도와주는 활동이었습니다.

동아리 친구들과 각자 자신 있는 과목을 정해 교재도 만들었습니다. 저는 국어를 맡아 1년 동안 매주 한 번씩 지역 아동 센터에 방문하여 그곳에 오는 아이들에게 국어를 가르쳐 주었습니다.

가지고 있는 지식을 다른 사람에게 전달한다는 것은 지식만으로 되는 것이 아니라는 것을 느끼고 동아리 친구들과 수업 준비를 열심히 했습니다. 그림 자료도 제작하고, 때에 따라서는 시험 문제도 만들었습니다. 가르친다는 것이 쉬운 일이 아니라는 것을 확실히 알 수 있었습니다. 하지만 제가 가지고 있는 것을 나눈다면 그 결과는 배로 늘어나 풍성한 열매를 맺는다는 사실을 깨달았으며, '교사'라는 직업의 소중한 가치를 알게 되었습니다.

작성 연습 1 자기소개서에 기록할 봉사 활동 내용을 작성해 보세요.

작성 연습 2 자기소개서에 기록할 봉사 활동 내용을 작성해 보세요.

Scrap Board

나에게 가장 의미가 있었던 창의적 체험 활동 사진을 붙여 보세요.

부록

창의적 체험 활동
체험 학습장

부록1 민주 시민 교육 체험 학습

체험장·체험 프로그램	정 보
대구지방보훈청 현충 시설 탐방·정화 활동	영　역 : 동아리, 봉사 시　간 : 4시간 주　소 : 대구광역시 남구 대명로 217 연락처 : 053)659-6090
육사생도 6.25 참전 기념비 6.25 전쟁 바로 알기 교육	영　역 : 자율 시　간 : 1시간 주　소 : 경기도 포천시 가산면 우금리 산89-1 연락처 : 031)538-3482
이화영아원 봉사 프로그램	영　역 : 동아리, 봉사 시　간 : 4시간 주　소 : 전라남도 나주시 보산동 127-1 연락처 : 061)332-1964
아산시 보건소 흡연의 유해성 알아보기	영　역 : 자율, 동아리 시　간 : 1일 주　소 : 충청남도 아산시 모종동 573-2 연락처 : 041)537-3404
우신마을 농촌 체험 프로그램	영　역 : 동아리 시　간 : 4시간 주　소 : 전라북도 부안군 보안면 우동리 우신마을 연락처 : 061)581-6030
도봉숲속마을 지구 온난화 예방 학습	영　역 : 자율, 봉사 시　간 : 4시간 주　소 : 서울특별시 도봉구 도봉동 도봉산길 54-1 연락처 : 02)954-0203
농업기술센터 대통령 마을의 문화 체험	영　역 : 동아리 시　간 : 4시간 주　소 : 충청남도 아산시 음봉면 동천2리 연락처 : 041)544-5959
국립환경인력개발원 환경과학 영재 육성 과정	영　역 : 동아리, 봉사 시　간 : 5시간 주　소 : 인천광역시 서구 경서동 종합환경연구단지 연락처 : 032)560-7785
나주시 노인복지관 자원봉사 교육 및 활동	영　역 : 동아리, 봉사 시　간 : 4시간 주　소 : 전라남도 나주시 영산동 155-1 연락처 : 061)334-7726
영광군 자원봉사센터 자원봉사 프로그램	영　역 : 봉사 시　간 : 8시간 주　소 : 전라남도 영광군 영광읍 무령리 198-4 연락처 : 061)350-5326

체험장 · 체험 프로그램	정보
한국투자자보호재단 청소년 금융교실 (온, 오프라인) *강사 파견 교육 프로그램	영　　역 : 자율, 진로 시　　간 : 1시간 주　　소 : 서울특별시 영등포구 여의도동 25 동여의도빌딩 2층 연 락 처 : 02)761-5160
강진 청자박물관 도자기 만들기 체험	영　　역 : 자율, 동아리 시　　간 : 4시간 주　　소 : 전라남도 강진군 대구면 사당리 117 연 락 처 : 061)430-3722
구례향교 유학의 산실 향교 체험	영　　역 : 자율 시　　간 : 3시간 주　　소 : 전라남도 구례군 구례읍 봉서리 1472 연 락 처 : 061)780-2390
대구 서구청 자전거 교통 안전 체험 *학교 단체 신청만 가능	영　　역 : 동아리, 자율 시　　간 : 2시간(오전, 오후) 주　　소 : 대구광역시 서구 중리동 1180-2 연 락 처 : 053)663-3622
초의선사 탄생 유적지 초의선원 초의선사의 전통 다도 체험	영　　역 : 자율, 동아리 시　　간 : 4시간 주　　소 : 전라남도 무안군 삼향면 왕산리 943 연 락 처 : 061)285-0300
남궁억 유적지 남궁억 선생님의 독립운동 업적 교육	영　　역 : 동아리 시　　간 : 3시간 주　　소 : 강원도 홍천군 서면 모곡리 387 연 락 처 : 033)430-2656
홍성환경농업 교육관 홍성 오리쌀 가을걷이 나눔의 축제	영　　역 : 자율, 동아리 시　　간 : 6시간 주　　소 : 충청남도 홍성군 홍동면 문당리 405 연 락 처 : 041)631-3537
모평권역 모평 과거 시험 체험	영　　역 : 자율, 동아리 시　　간 : 4시간 주　　소 : 전라남도 함평군 해보면 상곡리 모평마을 연 락 처 : 061)323-8288
한국예술문화단체 총연합회 홍성군지회 명동거리예술제 참여	영　　역 : 자율, 동아리 시　　간 : 4시간 주　　소 : 충청남도 홍성군 홍성읍 소향리 397-165 홍주종합경기장 내 사무실 연 락 처 : 041)631-2615
국립 4.19 민주 묘지 환경 정화 작업	영　　역 : 봉사 시　　간 : 3시간 주　　소 : 서울특별시 강북구 한천로 180길 17 연 락 처 : 02)996-0419

체험장 · 체험 프로그램	정보
울산광역매일사업국 **사진작가 진로 체험**	영　역 : 진로, 동아리, 봉사 시　간 : 3시간 주　소 : 울산광역시 남구 달동 625-7 2층 연락처 : 052)260-4422
한국예술종합학교 **견학 프로그램**	영　역 : 진로 시　간 : 1시간 주　소 : 서울특별시 성구 화랑로32길 146-37 연락처 : 02)746-9072
경민대학 **가구 디자인 제작 체험**	영　역 : 동아리, 진로 시　간 : 4시간 주　소 : 경기도 의정부시 가능3동 562-1 연락처 : 031)828-7721
경민대학 **미술 치료와 창의 놀이** **미술 체험**	영　역 : 진로, 동아리, 봉사 시　간 : 4시간 주　소 : 경기도 의정부시 가능3동 562-1 연락처 : 031)828-7721
경민대학 **만화 애니메이션의** **기초 학습**	영　역 : 동아리, 진로 시　간 : 4시간 주　소 : 경기도 의정부시 가능3동 562-1 연락처 : 031)828-7721
용두산 공원 미술 전시관 **1일 큐레이터 체험**	영　역 : 자율, 봉사 시　간 : 4시간 주　소 : 부산광역시 중구 광복동2가 1-2 연락처 : 051)860-7820
서울시립 **청소년미디어센터** **디지털 사진 체험**	영　역 : 동아리 시　간 : 4시간 주　소 : 서울특별시 용산구 갈월동 101-5 연락처 : 070)7165-1010
서울시립 **청소년미디어센터** **라디오 제작 체험**	영　역 : 동아리 시　간 : 2시간 주　소 : 서울특별시 용산구 갈월동 101-5 연락처 : 070)7165-1017
서울시립 **청소년미디어센터** **영화 제작 체험**	영　역 : 동아리 시　간 : 3시간 주　소 : 서울특별시 용산구 갈월동 101-5 연락처 : 070)7165-1012
서울시립 **청소년미디어센터** **방송 콘텐츠 제작 체험**	영　역 : 동아리 시　간 : 4시간 주　소 : 서울특별시 용산구 갈월동 101-5 연락처 : 070)7165-1024
서울시립 **청소년미디어센터** **영화 평론가 진로 체험**	영　역 : 진로 시　간 : 2시간 30분 주　소 : 서울특별시 용산구 갈월동 101-5 연락처 : 070)7165-1012

체험장 · 체험 프로그램	정보
부산KBS 방송국 견학 프로그램	영　　역 : 동아리, 진로 시　　간 : 1시간 주　　소 : 부산광역시 수영구 남천동 63 연 락 처 : 051)620-7327
몽산포해수욕장 모래 아트 만들기 체험	영　　역 : 자율, 동아리, 봉사, 진로 시　　간 : 4시간 주　　소 : 충청남도 태안군 남면 신장리 산113-1(번영회 사무실) 연 락 처 : 041)672-2971
다문화박물관 견학 프로그램	영　　역 : 자율, 동아리 시　　간 : 2시간 주　　소 : 서울특별시 마포구 서교동 395-112 연 락 처 : 02)328-6848
용산문화원 문화 유적지 탐방	영　　역 : 자율, 동아리 시　　간 : 10시간 주　　소 : 서울특별시 용산구 원효로 4가 87-4 연 락 처 : 02)703-0052
대구광역시 청소년수련원 동아리 세상	영　　역 : 동아리 시　　간 : 6시간 주　　소 : 대구광역시 달서구 송현2동 702 연 락 처 : 053)656-6655
마산문화원 문화 콘텐츠 스토리텔링	영　　역 : 동아리 시　　간 : 4시간 주　　소 : 경상남도 창원시 마산회원구 양덕동 477 연 락 처 : 055)293-1186
종이나라박물관 체험 교육 프로그램	영　　역 : 진로 시　　간 : 2시간 주　　소 : 서울특별시 중구 장충동1가 62-35 종이나라빌딩 3층 연 락 처 : 02)2264-4560
(사)한국의 길과 문화 청소년 여행 문화 학교	영　　역 : 자율 시　　간 : 3일 주　　소 : 경상북도 영덕 외(여러 곳에서 체험함) 연 락 처 : 02)6013-6612
무위사 보물 찾기 체험	영　　역 : 동아리 시　　간 : 3시간 주　　소 : 전라남도 강진군 성전면 월하리 1174 연 락 처 : 061)432-4974
보나장신구박물관 관람 프로그램	영　　역 : 자율, 동아리 시　　간 : 3시간 주　　소 : 서울특별시 종로구 관훈동 192-10 연 락 처 : 02)732-6621
대명비발디파크 스키월드 스키 교실	영　　역 : 동아리 시　　간 : 5시간 주　　소 : 강원도 홍천군 서면 팔봉리 125-1 연 락 처 : 070)8210-3665

부록 3 진로 체험 학습

체험장 · 체험 프로그램	정보
국제청소년교류연맹 국제 교육 파견·초청 프로그램	영　　역 : 진로, 동아리 시　　간 : 4~10일 주　　소 : 서울특별시 중구 명동1가 1-3 한국YWCA회관 502호 연 락 처 : 02)3789-8835
대구 코세아서비스교육원 항공 승무원 체험	영　　역 : 동아리, 진로 시　　간 : 3시간 주　　소 : 대구광역시 중구 공평동 55-54 4층 연 락 처 : 053)264-0026
담양 한과 전통 떡, 한과 만들기	영　　역 : 동아리, 진로 시　　간 : 1시간 주　　소 : 전라남도 담양군 창평면 삼천리 180-1 연 락 처 : 061)382-8283
해운대구청 관광문화과 생애 로드맵 작성 프로그램	영　　역 : 자율, 동아리 시　　간 : 6시간 주　　소 : 부산광역시 해운대구 중동 2로 11 연 락 처 : 051)749-4000
연화사 템플스테이	영　　역 : 동아리 시　　간 : 14시간 주　　소 : 강원도 홍천군 북방면 북방1리 664 연 락 처 : 033)433-1815
목포대학교 자동차기술연구소 자동차 디자인 체험 학습	영　　역 : 자율, 동아리, 진로 시　　간 : 6시간 주　　소 : 전라남도 무안군 청계면 영산로 1666 연 락 처 : 061)452-1091
창원 문성대학 칵테일 주장 실무	영　　역 : 진로 시　　간 : 4시간 주　　소 : 경상남도 창원시 의창구 충혼로 91 연 락 처 : 055)279-1000
창원 문성대학 자동차 엔진 정비	영　　역 : 진로 시　　간 : 4시간 주　　소 : 경상남도 창원시 의창구 충혼로 91 연 락 처 : 055)279-1000
대구 계명문화대학 건축 모형 제작 체험	영　　역 : 진로 시　　간 : 4시간 주　　소 : 대구광역시 달서구 신당동 달서대로 675 연 락 처 : 053)589-7843
대구 계명문화대학 외식 창업 프로그램	영　　역 : 동아리, 진로 시　　간 : 4시간 주　　소 : 대구광역시 달서구 신당동 달서대로 675 연 락 처 : 053)589-7684

체험장 · 체험 프로그램	정보
경남지방경찰청 견학 프로그램	영　역 : 진로 시　간 : 3시간 주　소 : 경상남도 창원시 사림동 상남로 289 연 락 처 : 054)281-7713
진해경찰서 폴리스 아카데미	영　역 : 봉사, 진로 시　간 : 10시간 주　소 : 경상남도 창원시 진해구 석동 진희로 211 연 락 처 : 054)542-6797
홍천 테마파크 현장 체험 프로그램	영　역 : 동아리 시　간 : 1일 주　소 : 강원도 홍천군 서석면 검산리 755-14 연 락 처 : 033)436-1988
대구산업정보대학 이태리 셰프 직업 체험	영　역 : 진로 시　간 : 4시간 주　소 : 대구광역시 수성구 만촌3동 산 395 연 락 처 : 053)749-7000
동주대학교 쇼핑몰 창업, 운용 직업 체험	영　역 : 진로 시　간 : 4시간 주　소 : 부산광역시 사하구 사리로 55번길 연 락 처 : 051)200-3392
경기 경복대학교 MAC컴퓨터 활용 체험	영　역 : 진로 시　간 : 4시간 주　소 : 경기도 포천시 신북면 신평로 154 연 락 처 : 031)539-5203
한국거래소 경제 기초 학습	영　역 : 진로 시　간 : 2시간 주　소 : 부산광역시 동구 범일동 134 연 락 처 : 051)760-1037
전주 승마장 승마 체험	영　역 : 자율, 동아리 시　간 : 1시간 주　소 : 전라북도 전주시 덕진구 호성동1가 720 연 락 처 : 063)239-2695
한국천문연구원 견학 프로그램	영　역 : 자율, 동아리 시　간 : 1시간 주　소 : 대전광역시 유성구 화암동 61-1 연 락 처 : 042)865-2064
부산항만공사 견학 프로그램	영　역 : 자율, 진로 시　간 : 1시간 주　소 : 부산광역시 중구 중앙동 충장대로 9길 46 연 락 처 : 051)999-3168

체험장 · 체험 프로그램	정보
국립서울과학관 관람 프로그램	영　　역 : 자율, 동아리 시　　간 : 4시간 주　　소 : 서울특별시 종로구 와룡동 2 연 락 처 : 02)3668-2200
퍼즐 박물관 파빌리온 견학 프로그램	영　　역 : 동아리 시　　간 : 4시간 주　　소 : 강원도 홍천군 화촌면 구성포리 94-1 연 락 처 : 033)435-1522
삼마치 체험의 숲 체험 학습 프로그램	영　　역 : 동아리 시　　간 : 4시간 주　　소 : 강원도 홍천군 홍천읍 삼마치리 연 락 처 : 033)430-2358
국립과천과학관 과학 교육 · 체험 프로그램	영　　역 : 자율, 동아리, 진로 시　　간 : 3시간 주　　소 : 경기도 과천시 과천동 706 연 락 처 : 02)3677-1367
조선대학교 해양생물 **연구교육센터** 체험 프로그램	영　　역 : 진로 시　　간 : 2시간 주　　소 : 전라남도 완도군 신지면 대곡리 416-2 연 락 처 : 061)550-3300
나로우주센터 우주과학관 우주 역사 체험 학습	영　　역 : 자율, 동아리, 진로 시　　간 : 2시간 주　　소 : 전라남도 고흥군 봉래면 하반로 480 연 락 처 : 061)830-8700
강진군 다산수련원 청소년 리더십 프로그램	영　　역 : 자율, 동아리 시　　간 : 2일 주　　소 : 전라남도 강진군 도암면 만덕리 연 락 처 : 061)430-3786
내촌농협협동조합 단호박 축제 참여	영　　역 : 자율, 동아리 시　　간 : 8시간 주　　소 : 강원도 홍천군 내촌면 내촌중학교 일대 연 락 처 : 033)433-3011
아산 현충사 아산 성웅 이순신축제 참여	영　　역 : 동아리 시　　간 : 3시간 주　　소 : 충청남도 아산시 온천동 연 락 처 : 041)540-2631

※ 참고 : 부록의 체험 학습장 · 체험 프로그램은 창의 · 인성 교육넷(www.crezone.net) 자료를 엄선하여 작성하였습니다. 진행 기관의 사정에 따라 프로그램이 중단 및 취소될 수 있으므로 창의 · 인성 교육넷에서 자세한 정보를 검색해 보거나 사전에 주최 기관에 확인하시길 바랍니다.

참고 문헌

교육과학기술부(2010). 손에 잡히는 창의적 체험활동(중학교).

교육과학기술부(2010). 손에 잡히는 창의적 체험활동(고등학교).

교육과학기술부, 한국직업능력개발원(2011). 2010년도 미래 교육 공동체 포럼 운영.

신동엽, 국선옥(2009). 입학사정관제 모르면 국제중, 특목고. 자사고, SKY 합격은 없다!. 굿인포메이션.

윤이나, 이보영, 황고운 외(2010). 입학사정관제! 재능우수 자기추천 전형 합격생 이야기. 시대교육.

이만석(2009). 입학사정관제로 대학가기. 네오씽크.

이병훈, 한왕근(2010). 입학사정관제 X파일. 매일경제신문사

참고 사이트

에듀팟(www.edupot.go.kr)

창의 · 인성 교육넷(www.crezone.net)

청소년자원봉사(www.dovol.net)

서울특별시교육청 학생봉사활동(bongsa.sen.go.kr)

한국청소년상담원(www.kyci.or.kr)

한국지역아동센터연합회(www.hjy.kr)

트루프렌드(www.truefriend.kr)

집필 위원

조경희(안산경일고등학교) 김연미(한강중학교) 윤석진(청담고등학교)
이헌로(청담고등학교) 조유현(세민정보고등학교)

Let's go!
창의적 체험활동

② 나의 자율·동아리·봉사 포트폴리오 만들기

발행일	2013년 3월 10일 2쇄 발행
지은이	조경희·김연미·윤석진·이헌로·조유현
발행처	도서출판 **씨마스**
주 소	서울특별시 중구 필동 서애로 23 통일빌딩
전 화	02)2274-1590~2
팩 스	02)2278-6702
홈페이지	www.cmass21.co.kr
ISBN	978-89-91812-55-0 53000
	978-89-91812-57-4(세트)

◉ 출판사의 허락 없이 내용의 일부를 인용하거나 발췌하는 것을 금합니다.
◉ 잘못된 책은 구입하신 곳에서 바꾸어 드립니다.